Meine schönsten Ferien

Jutta Maria Weber

Meine schönsten Ferien

Entspannungsgeschichten für Kinder

hogrefe

Dr. Jutta Maria Weber, geb. 1971. 1990–1997 Studium der Psychologie in Würzburg. 1997–2015 wissenschaftliche Mitarbeiterin am Lehrstuhl für Entwicklungspsychologie und Pädagogische Psychologie der Universität Würzburg. 2003 Promotion. 2007 Anerkennung als Verhaltenstherapeutin (AVM). 2000–2008 Mitarbeit in einer Kinder- und Jugendpsychiatrischen Praxis. Seit 2015 Mitarbeit in einer heilpädagogischen Tagesstätte und seit 2016 tätig im Berich Diagnostik und Beratung in einer kinder- und jugendärztlichen Praxis (Neuropädiatrie). Arbeitsschwerpunkte: Legasthenie, Lern- und Verhaltensstörungen bei Kindern und Jugendlichen.

Bibliografische Information der Deutschen Nationalbibliothek
Die Deutsche Nationalbibliothek verzeichnet diese Publikation in der Deutschen Nationalbibliografie; detaillierte bibliografische Daten sind im Internet über http://dnb.dnb.de abrufbar.

Hogrefe Verlag GmbH & Co. KG
Merkelstraße 3
37085 Göttingen
Deutschland
Tel. +49 551 999 50 0
Fax +49 551 999 50 111
info@hogrefe.de
www.hogrefe.de

Umschlagabbildung: © Sabine Marie Körfgen, Mönchengladbach
Illustrationen: Sabine Marie Körfgen, Mönchengladbach
Satz: Franziska Stolz, Hogrefe Verlag GmbH & Co. KG, Göttingen
Druck: mediaprint solutions GmbH, Paderborn
Printed in Germany
Auf säurefreiem Papier gedruckt

1. Auflage 2023

(E-Book-ISBN [PDF] 978-3-8409-3226-7; E-Book-ISBN [EPUB] 978-3-8444-3226-8)
ISBN 978-3-8017-3226-4
https://doi.org/10.1026/03226-000

für Gustav und Ludwig

Inhaltsverzeichnis

Einführung

Warum ein Buch mit Entspannungsgeschichten?

Diese Frage erscheint auf den ersten Blick trivial. Die einfache Antwort ist: Damit Menschen sich besser entspannen können und zur Ruhe kommen. Ein neugieriges Kind würde vermutlich weiterfragen: Warum müssen sich Menschen denn entspannen? Nicht wenige würden wohl erwidern: Weil sie gestresst sind (wobei sich Stress umgangssprachlich meist auf einen unangenehmen, negativen Zustand bezieht). Oder etwas fachlicher ausgedrückt: Weil die Menschen nicht die Ressourcen oder Fähigkeiten haben, angemessen auf die Anforderungen, die an sie gestellt werden, zu reagieren.

Einige dieser Anforderungen sind über die Jahrhunderte hinweg gleich geblieben, zum Beispiel der Umgang mit Krankheit und Tod, andere betreffen nur bestimmte Gruppen oder Generationen, wie das Verarbeiten von Kriegserfahrungen. Spezifisch für bestimmte Epochen sind Anforderungen, die mit dem menschlichen Bedürfnis nach Fortschritt und Gestaltung zusammenhängen oder dem Wunsch, die eigenen Lebensbedingungen zu verbessern.

Die Coronapandemie hat uns vor Augen geführt, wie schwierig es sein kann, angemessen auf eine plötzliche Umweltveränderung, wie etwa die rasche Ausbreitung eines Krankheitserregers, zu reagieren. Welche mittel- oder langfristigen Folgen das Erleben dieser Pandemie und die damit einhergehenden Einschränkungen haben, ist derzeit vor allem im Hinblick auf die Entwicklung von Kindern kaum einzuschätzen.

Tiefgreifende und zugleich dauerhafte Auswirkungen auf unsere Lebensweise hat zweifelsohne die fortschreitende Technisierung. Vor allem die digitalen Medien und Kommunikationsmöglichkeiten prägen unseren Alltag. Die damit verbundenen Vorteile sind bekannt: Menschen können sich leichter vernetzen und informieren, Lernprozesse werden erleichtert, Momente von Langeweile sind eher selten. Die Kehrseite dieser Entwicklung zeigt sich in einer täglichen Reiz- und Informationsflut und in dem Gefühl, permanent erreichbar oder handlungsbereit sein zu müssen. Zahlreichen Erwachsenen, vor allem aber auch Kindern, die über geringe Stressbewältigungskompetenzen verfügen (Fasthoff et al., 2003), fällt es schwer, sich dem entgegenzustellen.

Für viele Kinder ist es außerdem selbstverständlich, mehrere Hobbys mit festen Terminen am Nachmittag oder Wochenende auszuüben. Es erscheint also fraglich, ob der Begriff „Freizeit" heute wirklich noch „freie Zeit" bedeutet, denn sie wird zu einem großen Teil in fremdbestimmte Beschäftigungen und ablenkende, Stress aufbauende Aktivitäten investiert. Im Tagesablauf bleibt wenig Raum für Fantasie, das Spielen in selbst geschaffenen kindlichen Vorstellungswelten, Ruhe, Besinnung und das Gefühl, „bei sich zu sein".

Gewiss sind die Zusammenhänge komplex, und direkte kausale Verbindungen lassen sich nur schwer ausmachen. Dennoch liegt es nahe, dass eine beschleunigte und reizintensive Lebensführung auch bei Kindern negative Folgen für Gesundheit und Wohlbefinden haben kann. Ungünstige Umweltfaktoren wie Lärm, beengte Wohnverhältnisse, wenig Spiel- und Bewegungsmöglichkeiten in der Natur sowie schulisches Lernen mit Fokus auf Leistungsbewertung und Erfolg können das innere Gleichgewicht von Kindern zusätzlich stören. Nicht zu vergessen die Belastungen durch wiederkehrende Nachrichten zu Klimawandel, Umweltzerstörung oder kriegerischen Auseinandersetzungen, die sich durch die Dauerpräsenz der Medien kaum ausblenden lassen.

Viele Eltern sind ratlos, wie sie den Druck und die Anspannung ihres Nachwuchses reduzieren können. Angebote wie Kinderyoga oder Entspannungskurse sind sicherlich sinnvoll, aber sie sind auch mit weiteren Terminen verbunden und signalisieren zusätzliche Lernanforderungen. Um Kindern zu helfen, zur Ruhe zu kommen, ihr Stresserleben zu reduzieren und ihr psychisches Gleichgewicht wiederherzustellen, bedarf es vielfältiger Maßnahmen. Einige lassen sich nur individuell festlegen, andere sind von allgemeinerer Natur. Dazu gehören unter anderem das Aufstellen und Durchsetzen von klaren Regeln zum Medienkonsum, wobei die Eltern hier in der Verantwortung stehen, eine Vorbildfunktion einzunehmen. Auch feste Ruhezeiten im Alltag, etwa beim abendlichen Vorlesen, tragen dazu bei, Stress und Anspannung zu reduzieren. Belastende Nachrichten sollten kindgerecht aufgearbeitet werden.

Um Kinder gezielt dabei zu unterstützen, sich zu erholen, können auch Entspannungsverfahren eingesetzt werden, die sich zu Hause durchführen lassen, etwa Fantasiereisen. Dabei gilt: Entspannungsverfahren allein sind kein Allheilmittel. Bei ausgeprägten psychischen oder körperlichen Beschwerden müssen dringend weitere Maßnahmen eingeleitet werden!

Was sind Entspannungsverfahren und wie wirken sie?

Bevor genauer auf Entspannungsverfahren und ihre Wirkung eingegangen wird, soll zunächst geklärt werden, was genau unter „Entspannung" zu verstehen ist. Die Fähigkeit, sich zu erholen und Ruhe zu finden, gehört zum natürlichen Verhaltensrepertoire von Lebewesen und kann als ein evolutionär angelegtes Prinzip verstanden werden. In diesem Sinne ist Entspannung eine überlebenswichtige Notwendigkeit. Sie stellt den Gegenpol zum Zustand von Aktiviertheit oder Anspannung dar und sorgt für psychologische und physiologische Regeneration. Dabei ist Entspannung nicht mit Schlaf gleichzusetzen.

Ein dauerhaftes Übermaß an Aktivität oder chronische Anspannung können ebenso wie ein anhaltendes Defizit an Aktivität zu einem Ungleichgewicht führen, das zu körperlichen und/oder psychischen Schäden führt. Bietet unser Alltag kaum noch Zeitfenster für Pausen oder geht die Fähigkeit, sich zu entspannen, durch ein Zuviel an Anforderungen verloren, ist es dringend notwendig, aktiv nach Wegen aus dieser Misere zu suchen, zum Beispiel mithilfe von Entspannungsverfahren. Damit gemeint sind Techniken, mit deren Hilfe Anspannung und Erregung reduziert und körperliche bzw. geistige Entspannungszustände ausgelöst werden können. Hierzu stehen vielfältige Methoden zur Verfügung, von denen allerdings ein beträchtlicher Anteil auf die Bedürfnisse von Erwachsenen ausgerichtet ist, und die sich nicht ohne Weiteres auf Kinder übertragen lassen. Am bekanntesten sind wohl das autogene Training (Schultz, 2003) und die progressive Muskelentspannung (Jacobson, 1990). Für beide liegen erfreulicherweise kindgerechte Adaptationen vor. Auch Kinderyoga erfreut sich zunehmender Beliebtheit, wobei der ursprünglich spirituelle Hintergrund meist keine Rolle mehr spielt. All diese Verfahren sollten unabhängig vom Lebensalter fachkundig angeleitet werden.

Für Kinder sind vor allem imaginative Verfahren interessant, da Kinder über eine gute bildliche Vorstellungskraft verfügen (Petermann & Peterson, 2019). Imaginative Methoden lassen sich auch gut mit anderen Verfahren wie dem autogenen Training kombinieren (siehe zum Beispiel die Kapitän-Nemo-Geschichten von Petermann, 2021). Kinder, denen es schwerfällt, länger ruhig sitzen zu bleiben, können von eher bewegungsorientierten Verfahren profitieren. Hier sind beispielhaft die sogenannten Zapchen-Übungen zu nennen, die sich ebenfalls mit Entspannungsgeschichten verbinden lassen (Ohm, 2017).

Die Wirkung von Entspannungsverfahren ist vielfältig. Manche Effekte können direkt wahrgenommen werden, andere spielen sich eher im Verborgenen ab, können aber durch spezielle Messverfahren nachgewiesen werden (zum Beispiel Änderungen bei der Hautleitfähigkeit oder hirnelektrische Reaktionen). Zwei grundlegende Veränderungen betreffen das vegetative Nervensystem: Der Parasympathikus wird aktiviert, der Sympathikus wird „geschwächt". Letzterer wird auch als Gegenspieler oder Antagonist des Parasympathikus bezeichnet. Bei Stress und außergewöhnlichen Anforderungen sorgt er dafür, dass der menschliche Organismus möglichst viel Leistung zeigen kann. Der Parasympathikus dagegen wird auch als Ruhenerv bezeichnet, da er Körpervorgänge steuert, die vor allem der Erholung des Organismus dienen. Die beiden Systeme befinden sich optimalerweise in einem dynamischen Gleichgewicht. Das bedeutet beispielsweise, dass auf eine aktive Phase eine passive, entspannte Phase folgt. Ist das Gleichgewicht gestört, weil der Sympathikus durch übermäßige Belastungen anhaltend aktiviert ist, kann es zu Störungen kommen, die ganz unterschiedliche Organe und Körperfunktionen betreffen. Manche Menschen klagen über Schlaflosigkeit, Nervosität, Kopfschmerzen oder Verspannungen, andere leiden unter Herzproblemen, Atembeschwerden oder zu hohem Blutdruck. Stresssymptome bei Kindern sind neben Schlafstörungen auch Kopf- oder Bauchschmerzen, Appetitlosigkeit, Konzentrationsprobleme und erhöhte Ängstlichkeit (Hampel & Petermann, 2017).

Entspannungsverfahren können hier gegensteuern, denn durch sie wird der Parasympathikus angeregt und die Aktivität des Sympathikus verringert. Konkret zeigt sich dies zum Beispiel dadurch, dass die Anspannung der Muskeln nachlässt, das Herz langsamer schlägt und der arterielle Blutdruck sinkt. Die Atmung wird gleichmäßiger und verlangsamt sich, das Atemvolumen nimmt ab.

Auf der psychischen Ebene können Verbesserungen bei der Konzentrationsfähigkeit und der Aufmerksamkeit festgestellt werden, was sich wiederum positiv auf das Gedächtnis auswirken kann. Es stellen sich Gefühle von Gelassenheit, Ausgeglichenheit, Zufriedenheit und Wohlbefinden ein. Innere Erregtheit und Angst nehmen ab.

Wie einige der eben beschriebenen positiven Veränderungen anhand des vorliegenden Buches erreicht werden sollen, wird im Folgenden beschrieben.

Geschichten als Entspannungshelfer

Das vorliegende Buch beinhaltet drei Geschichtenserien mit insgesamt 20 Entspannungsgeschichten, die mittels Inhalts und Erzählweise zu einem Ruhezustand führen sollen. Die Geschichten sind als Fantasiereisen zu verstehen und zählen somit zu den imaginativen Verfahren. Das heißt, durch Zuhören und Vorstellungskraft sollen innere Bilder zu Handlungen, Empfindungen, Gedanken und Sinneseindrücken entstehen, die zu einer ganz persönlichen Innenwelt verschmelzen. Der Einsatz von Imaginationen ist seit Jahrzehnten ein festes Element psychologischer, psychotherapeutischer und pädagogischer Arbeit (siehe Petermann, Kusch & Ulrich, 2020).

Bei der Konzeption der Geschichten wurden Erfahrungen zur Erzeugung von Entspannungszuständen und zur Intensivierung mentaler Vorstellungen berücksichtigt. Es werden beispielsweise verschiedene Sinnesebenen angesprochen (Riechen, Sehen, Fühlen) oder Wahrnehmungen vertieft, indem die Aufmerksamkeit auf Einzelreize gelenkt wird. Natürlich wurde auch auf die speziellen Bedürfnisse von Kindern geachtet, zum Beispiel durch eine einfache, verständliche Sprache.

In jeder Erzählung dieses Buches werden die Zuhörerinnen und Zuhörer durch ein kleines Erlebnis geleitet, das sie zur Ruhe kommen lässt. Die Geschichten spielen in einem realen Kontext, das heißt, die geschilderten Erlebnisse könnten Kinder auch in Wirklichkeit erleben. Die jeweilige Protagonistin bzw. der jeweilige Protagonist ist das zuhörende Kind. Es sieht vor seinem geistigen Auge eine Geschichte ablaufen, deren Heldin oder Held es selbst ist. Durch die vorgegebenen Schilderungen hat es einerseits feste Handlungsvorgaben, andererseits aber auch genügend Raum für Fantasie und individuelle Ausgestaltung.

Die Erlebnisse werden bildreich und kleinschrittig beschrieben. Das Kind bekommt Zeit, um Dinge und Lebewesen in Ruhe zu betrachten, seinen Gedanken nachzugehen, Ideen zu generieren und umzusetzen, sich und seine Gefühle wahrzunehmen und den Moment zu genießen. Neue Situationen können in der Fantasie geruhsam und angstfrei bewältigt werden, wodurch ein Gefühl von Sicherheit und Selbstvertrauen entstehen kann. Grundsätzlich kann mittels imaginativer Verfahren auch der Aufbau von Ressourcen und positiven Emotionen gefördert (Schlarb, 2020) und die Aktivierung von Selbstheilungskräften unterstützt werden (Petermann et al., 2020).

Einige Geschichten enthalten Passagen, in denen Aktivität und Bewegung im Fokus stehen. Auf den ersten Blick scheint dies bei Entspannungsgeschichten ungewöhnlich zu sein. Hier ist zu bedenken, dass sich die zuhörenden Kinder in der Realität in einem Ruhezustand befinden. Die beschriebenen Personen sind zwar aktiv, gehen aber völlig im Moment auf und sind eins mit ihrer (nie bedrohlichen) Umwelt. Im Allgemeinen gilt: Imaginative

Entspannungsverfahren, bei denen die Zuhörenden als Handelnde in die Geschichten miteinbezogen werden, sind solchen Verfahren überlegen, die lediglich zur Entspannung führende Bilder beschreiben (Petermann, 2021).

Aufbau der Geschichten

Inhaltlich wird die Verbundenheit von Kindern mit Natur und Tieren genutzt. Als Rahmenhandlung dient bei allen drei Geschichtenserien der Aufenthalt auf einem Ferienhof, der sich jeweils an einem anderen Ort befindet. Jede einzelne Geschichte beinhaltet die Erlebnisse eines Ferientags. Am Beginn einer Geschichtenserie wird das Kind in die neue Umgebung eingeführt. Die jeweils letzte Geschichte beinhaltet den Abschied und fungiert als Ausklang.

Der Aufbau der Texte ähnelt sich meist: Das Kind verlässt zunächst die fiktive Ferienwohnung, die sich auf dem Ferien- bzw. Bauernhof befindet, und geht nach draußen. Der Weg dient somit als Einstieg in die nachfolgende entspannungsinduzierende Erlebnisschilderung. Die Rückführung aus dem Entspannungszustand erfolgt entsprechend über den Weg zurück in die Wohnung. Nur die ersten und letzten Geschichten einer Serie weichen aus inhaltlichen Gründen etwas von diesem Schema ab.

Die Geschichten sind geschlechtsneutral gestaltet, das heißt, sie eignen sich gleichermaßen für Jungen und Mädchen, und wurden so konzipiert, dass sie auch für verschiedene Altersgruppen attraktiv sind.

In jeder Geschichtenserie steht ein bestimmtes Kernthema im Vordergrund:

In der Serie „Ferien mit Pferden“ nähert sich das Kind Schritt für Schritt den Pferden auf dem Ferienhof an. Mit jeder neuen Geschichte wird es sicherer und vertrauter im Umgang mit diesen. Im Mittelpunkt stehen Pferde, da sie mit Stärke und Sicherheit, Ruhe, Sensibilität, aber auch Autonomie assoziiert werden können. Die Pferdegeschichten sind kürzer und sprachlich etwas einfacher gestaltet als die beiden anderen Geschichtenserien, sodass sie sich für jüngere oder sehr unruhige Kinder besonders eignen – und natürlich für Pferdefans.

In der Serie „Eine Ferienfreundschaft“ geht es um das schrittweise Kennenlernen eines etwa gleichaltrigen Kindes durch gemeinsame Erlebnisse, woraus schließlich eine Freundschaft entsteht. Durch diese Geschichtenserie können zum Beispiel sozial ängstliche Kinder modellhaft – und ganz nebenbei – das Vertrautwerden mit einem anderen Kind erlernen. Durch die Vorstellung sozial-kompetenten Verhaltens kann das Kind in einem geschützten Rahmen durchleben, wie es selbst in einer ähnlichen Situation agieren könnte.

Die Serie „Ferien im Herbst“ fokussiert auf Naturerfahrungen, zum Beispiel beim Spielen im Laub, beim Pflanzen eines Baumes oder bei einer Nachtwanderung.

Durch die Bündelung mehrerer Geschichten, die jeweils an einem bestimmten Ferienort spielen, können sich zum einen die Vorstellungsbilder der Kinder ausweiten und intensivieren. Zum anderen eröffnet sich die Möglichkeit, dass sich Entwicklungen vollziehen, zumindest in der imaginierten Welt. Ein innerer Ort entsteht, der mit Sicherheit, Selbstvertrauen und Ruhe assoziiert ist. „Das Erleben von Freude, Sicherheit und Geborgenheit ist gerade in der Therapie von Kindern und Jugendlichen eine wiederkehrende Thematik, welche unabhängig vom Störungsbild relevant sein kann“ (Schlarb, 2020, S. 89 f.).

Wie, wo, wann und bei wem können die Entspannungsgeschichten eingesetzt werden?

Die Entspannungsgeschichten eignen sich für Kinder im Alter von etwa fünf bis zwölf Jahren. Sie lassen sich gut im familiären Alltag, aber natürlich auch im pädagogischen und therapeutischen Kontext einsetzen. Im psychotherapeutischen Setting fungieren sie als Bestandteil eines multimodalen Behandlungskonzepts.

Die Kinder müssen dabei keine Entspannungstechniken erlernen, wie zum Beispiel bei der progressiven Muskelentspannung oder dem autogenen Training. Sie werden allein durch das Zuhören von Geschichten und das Entwickeln von Vorstellungsbildern in einen Ruhezustand versetzt. Konkrete Ruheinstruktionen finden sich in den Texten meist unterschwellig (zum Beispiel: „ein wunderbares Gefühl von Ruhe durchströmt deinen Körper“ oder „alles in dir ist friedlich und ruhig“). Auf explizite, gleichförmige und immer wiederkehrende Anweisungen wurde bewusst verzichtet, da diese in der Praxis nicht zwangsläufig den gewünschten Effekt erzielen und bei Kindern mitunter auf Ablehnung stoßen. Das durch die Beschreibungen ausgelöste, bewusste und achtsame Verweilen im Moment trägt zu einem erheblichen Teil zur Erzeugung eines Entspannungszustandes bei.

Beim Einsatz der Entspannungsgeschichten ist darauf zu achten, dass die Kinder eine bequeme Körperhaltung einnehmen und sich nicht unwohl fühlen, etwa aufgrund enger Kleidung. Die Umgebung sollte ruhig sein. Von Vorteil wäre es, wenn bereits der umgebende Raum für ein behagliches Gefühl sorgt. Manche Kinder fühlen sich besonders wohl, wenn sie sich in eine Decke kuscheln oder es sich auf weichen Kissen gemütlich machen können. Das

Schließen der Augen kann beim Fokussieren auf die Geschichten helfen, sollte aber nicht ausdrücklich verlangt werden.

Die Geschichten können einem einzelnen Kind, aber auch in Gruppensituationen vorgelesen werden. Je kleiner die Gruppe ist, desto weniger Ablenkungsmöglichkeiten sind gegeben. Prinzipiell kann mehr als eine Geschichte vorgelesen werden, etwa zu Beginn einer Geschichtenserie. Wie bereits dargestellt, dienen die jeweils ersten Texte primär der Einführung in die Umgebung und beinhalten ein erstes orientierendes Erkunden des Ferienhofs. Wenn Kinder es wünschen und noch bei der Sache sind, spricht nichts dagegen die zweite, erlebnisreichere Geschichte daran anzuschließen.

Das Vorlesen sollte *unbedingt* langsam erfolgen, aber nicht behäbig oder monoton. Zwischen Sätzen oder Passagen können kurze Pausen eingelegt werden, um dem Kind Zeit für seine mentalen Vorstellungen zu geben. Spezielle Lesepausen wurden im Text nicht markiert, da es den Vorlesenden freistehen soll, an welchen Stellen sie kurz innehalten. Gerade in Einzelsituationen, wenn die oder der Erwachsene das zuhörende Kind gut kennt und es einfühlsam beobachten kann, wird dadurch eine individuelle Anpassung möglich.

Der Begriff „Eltern“ kann selbstverständlich durch andere Begrifflichkeiten wie „Großeltern“, „Mütter“, „Väter“ oder „Familie“ ersetzt werden. Aus Gründen der besseren Lesbarkeit wurden keine alternativen Bezeichnungen in den Text eingefügt.

Ist eine Geschichte zu Ende, sollte die vorlesende Person noch für einen Moment ruhig sitzen bleiben und damit signalisieren, dass genügend Zeit vorhanden ist, um langsam in den Alltag zurückzukehren. In Abhängigkeit von Situation und Gruppenkonstellation kann nachgefragt werden, wie es den Kindern beim Zuhören der Geschichten ergangen ist, was sie empfunden und sich genau vorgestellt haben. Dadurch könnte überdies festgestellt werden, ob möglicherweise (von der bzw. dem Vorlesenden unbemerkt) eine bei Kindern sehr seltene paradoxe Reaktion aufgetreten ist, das heißt, ob ein Kind mit erhöhter Anspannung, Unruhe oder Ängstlichkeit reagiert hat. Eine persönliche Rückmeldung sollte aber keinesfalls eingefordert werden.

In diesem Zusammenhang stellt sich auch die Frage nach möglichen *Kontraindikationen* von Entspannungsverfahren. Das heißt, gibt es bestimmte Merkmale oder Umstände, aufgrund derer von einem Einsatz der Entspannungsgeschichten abzuraten ist? Intuitiv würde man vermuten, dass ein Entspannungszustand ausschließlich positiv erlebt wird. Tatsächlich gibt es aber Hinderungsgründe, die nicht zwangsläufig zu einem Verbot von Entspannungsübungen führen, aber immer eine erhöhte Vorsicht und Sorgfalt bei der Durchführung erforderlich machen.

Grundsätzlich gilt für alle Entspannungsverfahren, dass bei schweren körperlichen Erkrankungen zunächst medizinisch abgeklärt werden sollte, inwieweit negative Auswirkungen auf die Krankheitssymptome zu befürchten sind. Hier sind zum Beispiel Herzfunktionsstörungen (wie ein angeborener Herzfehler), Epilepsien, Ateminsuffizienz oder Asthma bronchiale zu nennen. In der Regel sind die Betreuerinnen und Betreuer von Kindern und die behandelnden Psychotherapeutinnen oder -therapeuten über solche Erkrankungen informiert, sodass beim Einsatz der Entspannungsgeschichten keine übertriebenen Bedenken aufkommen sollten, man könnte einem zuhörenden Kind unwissentlich schaden. Wenig sinnvoll erscheinen Entspannungsgeschichten, wenn das Kind kaum in der Lage ist, seine Aufmerksamkeit bewusst auf die darin geschilderten Handlungsabläufe und Empfindungen zu richten, beispielsweise wenn eine schwere Intelligenzminderung vorliegt. Eine Aufmerksamkeitsdefizit-/Hyperaktivitätsstörung (ADHS) stellt keinesfalls ein pauschales Hindernis dar. Entscheidend sind in diesem Fall der Ausprägungsgrad der Symptome und die Ursachen. Wird eine Unterstimulation des Frontalhirnbereichs vermutet, sollten Entspannungsverfahren prinzipiell vorsichtig eingesetzt werden (siehe Petermann, 2021). Vor allem ohne Stimulanzientherapie könnte durch eine Entspannungsinduktion eine paradoxe Reaktion mit erhöhter Unruhe auftreten, was sich bei sorgfältiger Beobachtung des Kindes aber rasch erkennen lässt. Bei Unsicherheiten kann auch dazu ärztlicher Rat eingeholt werden. Weitere psychische Störungen, die einem Einsatz von Entspannungsverfahren entgegenstehen können, sind ausgeprägte depressive Stimmungslagen oder Psychosen im Akutstadium. Beides kommt bei Kindern selten vor.

Kinder mit Ängsten können von den Entspannungsgeschichten mehrfach profitieren. Zum einen steht die Entspannungsreaktion den physiologischen Angstsymptomen entgegen. Zum anderen verfestigt sich mit jeder weiteren Geschichte ein innerer Ort, der mit dem Gefühl von Sicherheit assoziiert ist. Inhaltlich zielen die Schilderungen und Erlebnisinhalte zudem auf eine Steigerung von Selbstvertrauen und Selbstwirksamkeit ab. An mehreren Stellen, beispielsweise wenn sich eine Veränderung der Situation ankündigt, werden Gedankengänge der Protagonistinnen bzw. Protagonisten beschrieben. Durch diese kurzen Selbstgespräche werden die Kinder behutsam angeleitet, überlegt zu agieren und mutige Entscheidungen zu treffen.

An diesem Punkt kann nicht auf alle individuellen Faktoren eingegangen werden, die die Anwendung der Entspannungsgeschichten eventuell einschränken. Es wäre zum Beispiel denkbar, dass ein Kind durch ein Ereignis, das in einem inhaltlichen Zusammenhang mit einer Geschichte steht, akut belastet ist (etwa der Tod eines Haustiers) und beim Zuhören negative Emotionen entstehen. In diesem Fall liegt es im Ermessen der vorlesenden Person, ob eine Geschichte ausgelassen wird (zum Beispiel das Erkunden eines Kaninchengeheges) oder das Thema in einem gesonderten Gespräch aufgegriffen wird.

In welchen zeitlichen Abständen sollten die Geschichten am besten vorgelesen werden? Dies hängt zunächst einmal davon ab, in welchem Rahmen sie eingesetzt werden. Für Familien wird empfohlen, die Geschichten einer Serie zu einer festen Tageszeit (am besten abends) möglichst täglich oder zumindest an mehreren Tagen einer Woche vorzulesen. Dies erleichtert das geistige Eintauchen in die Geschichten und sorgt dafür, dass sich im Familienalltag feste Ruhezeiten etablieren. Im therapeutischen Setting sollten die Geschichten in aufeinanderfolgenden Sitzungen eingeplant werden. Häufig können Therapietermine jedoch nicht zuverlässig im Wochenrhythmus stattfinden. Wenn die Entspannungsgeschichten einen regulären Platz einnehmen, dürfte ein größerer zeitlicher Abstand kein Problem darstellen. Auch für den Einsatz in Vorschule, Schule oder Hort gilt: Regelmäßig Raum für Erholung durch das Vorlesen von Entspannungsgeschichten zu schaffen, erleichtert das Entspannen und signalisiert gleichzeitig, dass Phasen von Ruhe und Rückzug ein wichtiger Bestandteil im Tagesablauf sein sollten. Es vertieft sich die Erfahrung, dass körperliche und geistige Tätigkeiten nach einer Phase der Regeneration wieder leichter gelingen.

Zum Schluss sei mir noch eine persönliche Anmerkung erlaubt. Beim Schreiben der Geschichten habe ich mehrfach festgestellt, dass sich bei mir währenddessen ein Entspannungszustand eingestellt hat. Ich würde mich sehr freuen, wenn auch Sie als Vorleserin oder Vorleser durch die Geschichten ein wenig zur Ruhe kommen.

Ferien mit Pferden

Der erste Tag: Die Pferde

Heute ist ein ganz besonderer Tag. Du fährst mit deinen Eltern in die Ferien – auf einen Bauernhof. Ihr werdet dort in einer Ferienwohnung auf dem Hof wohnen. Gleich seid ihr da. Du sitzt im Auto auf dem Rücksitz und siehst nach draußen. Die Sonne scheint, ein paar Wölkchen sind am blauen Himmel zu sehen. Am Straßenrand wachsen Apfel- und Birnbäume. Die nahen Wiesen sind von dichten Hecken umsäumt. Am Waldrand grast eine Kuhherde. Dein Fenster ist ein wenig geöffnet. Die Luft von draußen riecht frisch und gut, nach gemähtem Gras und Sommerblumen. Ihr fahrt eine kleine Straße entlang und dann in eine Hofeinfahrt. Du hörst den Schotter des Weges unter dem Auto. Ihr haltet an. Du schnallst dich ab, öffnest die Autotür und steigst aus.

Aufmerksam blickst du dich um. Vor dir steht eine große Scheune mit weit geöffneten Holztoren. In der Scheune sind einige Maschinen untergestellt. Dahinter lagern Heuballen und mehrere Stapel Holz. Das andere Gebäude ist vermutlich ein Stall. Du gehst langsam darauf zu. Aus dem Inneren sind ein leises Scharren und Schnauben zu hören. Es riecht nach Heu und ein wenig nach Tieren. Der Geruch kommt dir bekannt vor. Sind da Pferde?

Neugierig schaust du durch die Stalltür, deren oberer Flügel offensteht. „Du darfst die Tür aufmachen“, hörst du eine Stimme hinter dir sagen. Du öffnest den Riegel, die Tür geht auf. Fast lautlos betrittst du den Stall. Vor dir sind drei kleine Verschläge zu sehen, jeder mit einer eigenen Tür: die Pferdeboxen. Die erste Box ist leer. „Terry“ steht auf dem Namensschild darüber. Aus der zweiten und dritten Box schauen dich zwei neugierige Pferdeköpfe an. Du gehst näher. Das erste Pferd ist hellbraun mit einer beigen Mähne, die von grauen und weißen Strähnen durchzogen ist. Es ist mittelgroß und sieht aus wie das Norwegerpferd, das du schon einmal auf einem Bild gesehen hast. „Ronja“ steht auf dem Schild über der Box. Das zweite Pferd ist etwas kleiner. Es ist schwarz mit weißen Flecken. „Bella“ ist auf dem Schild zu lesen.

Du willst es genauer betrachten und gehst näher heran. Das Pferd dreht seinen Kopf weg und schaut nach unten. Du folgst seinem Blick und siehst jetzt, warum das Pferd sich weggedreht hat. Ein kleines Fohlen liegt im Stroh. Es scheint zu schlafen, aber als seine Mutter es mit dem Maul anschubst, wird es wach und schaut dich an. Bella schnuppert zärtlich am Kopf des Fohlens. Wie ein sanfter Kuss sieht das aus. Das Kleine wird nun neugierig und versucht, aufzustehen. Seine Beine sind noch etwas wacklig, und es kippt wieder ins Stroh zurück. Beim nächsten Versuch klappt es besser. Es steht auf seinen vier Beinen und schaut dich an. Die Augen des Fohlens sind dunkel und glänzend. Du siehst, wie die Nüstern sich bewegen. Mit leiser Stimme versuchst du, es anzulocken: „Komm Kleines, hab keine Angst!“ Das Fohlen macht einen Schritt nach vorne, dann noch einen. Es fällt ihm schwer, das Gleichgewicht zu halten, und muss immer wieder aufpassen, dass es nicht umfällt. Schließlich steht es vor dir, und auch Bella wendet sich dir wieder zu. Sie scheint ihr kleines Fohlen beschützen zu wollen.

„Ganz ruhig ihr beiden, ich tue euch nichts.“ Bella streckt ihren Kopf über die Tür der Box. Vorsichtig hältst du ihr deine flache Hand hin und lässt sie daran schnuppern. Du spürst ein weiches Kitzeln an deinen Fingern. Bellas Atem streicht wie ein warmer Wind über deine Haut. Es fühlt sich ein wenig ungewohnt, aber sehr angenehm an. Ganz still stehst du da und spürst Bellas Atem auf deiner Haut. Mit jedem Atemzug scheint ihr euch vertrauter zu werden. Ein wunderbares Gefühl von Ruhe durchströmt deinen Körper.

Nun erhellt ein zarter Lichtstrahl den dunklen Stall. Du hörst das leise Knarren der Stalltür. Deine Mutter ruft deinen Namen. Es ist Zeit, die Pferde zu verlassen, und mit deinen Eltern in die Ferienwohnung zu gehen. Du verabschiedest dich von Bella und ihrem Fohlen und streichelst noch einmal über Bellas Kopf. Du weißt, dass du bald wieder in den Stall zurückkommen kannst. Denn es sind Ferien, und du hast Zeit. Aber jetzt bist du erst einmal auf die unbekannte Ferienwohnung gespannt. Langsam gehst du zur Stalltür. Die Tür steht noch einen Spaltbreit offen. Du schlüpfst hindurch und gehst hinaus in den sonnigen Hof. Du streckst und rekelst dich ein wenig, nimmst deine Tasche und folgst deinen Eltern in eure Unterkunft. In dir eine stille Freude über all die freien Tage, die vor dir liegen.

Der zweite Tag: Im Stall

Heute ist dein zweiter Tag auf dem Bauernhof. Du hast gleich in der ersten Nacht gut geschlafen. Nach dem Frühstück mit deiner Familie hast du deine Zähne geputzt und dich umgezogen. Es ist noch früh am Morgen, aber die Sonne scheint bereits warm durch das Fenster und lockt dich nach draußen. Deine Eltern haben dir erlaubt, auf den Hof und in den Stall zu gehen.

Du steigst langsam die Treppe hinunter – eine alte Holztreppe, die bei jedem Schritt ein wenig knarzt. Du öffnest die Haustür, schaust hinaus und lauschst. In der Ferne hörst du einen Traktor, ein paar Spatzen tschilpen in den Hecken, ansonsten ist es ruhig. Es riecht nach frisch getrocknetem Heu. Alles sieht hell und klar aus. Die Morgensonne lässt alle Farben leuchten: das Grün der Wiesen um den Bauernhof herum, das Gelb des Löwenzahns, das Rot der Rosenblüten, das Blau des Rittersporns und das Lila der Hortensien, die in einem großen Kübel neben dem Hauseingang wachsen.

Dein Blick fällt auf die Stalltür. Heute sind beide Türflügel geöffnet. Du siehst, wie ein paar Schwalben laut zwitschernd und in schnellem Flug durch die Tür hinein- und wieder hinausgleiten. Neugierig gehst du in den Stall. Drinnen erscheint dir das Zwitschern der Schwalben lauter als draußen, und auch ein neues Geräusch ist zu hören. Es kommt von den Balken an der Stalldecke. Dort haben die Schwalben ihre Nester gebaut, und hungrige, kleine Vogelkinder warten lautstark darauf, dass ihre Eltern ihnen Futter bringen. Du kannst die kleinen Schwalben kaum sehen. Aber immer, wenn die Vogeleltern zum Nest fliegen, tauchen plötzlich weit aufgesperrte Schnäbelchen aus den Nestern empor und schnappen sich gierig das gebrachte Futter. Du beobachtest die Vogelfamilie noch eine Weile.

Dann wendest du dich den Pferden zu. Heute sind die ersten beiden Boxen leer. Aber in der hintersten Box stehen Bella und ihr kleines Fohlen. Langsam gehst du auf die beiden zu. Wie gestern beschnuppert Bella ihr Pferdekind zärtlich. Mit Kopf und Schweif vertreibt sie die lästigen Fliegen. Das Fohlen sieht heute viel munterer aus als bei eurer ersten Begegnung. Es steht recht sicher auf seinen Beinen, läuft ein wenig im Stroh umher und versucht sogar ein paar übermütige Sprünge zu machen. Bella guckt dem Fohlen zu und schnaubt leise. Vielleicht sagt sie in ihrer Pferdesprache: „Nicht so wild, mein kleines Fohlen, sonst fällst du noch um oder stößt dich an!“ Das Fohlen scheint jetzt hungrig zu sein. Es läuft zu seiner Mutter und sucht mit seinem Maul nach den Zitzen an ihrem Bauch. Bella bleibt geduldig stehen und lässt ihr Kleines trinken. Sie dreht ihren Kopf und liebkost mit ihrem weichen Maul das struppige Fell des Fohlens. Dann blickt sie wieder zu dir herüber. Der Blick ist ruhig und sanft. Ihr schaut euch in die Augen, und du spürst, dass Bella dir vertraut und dich mag. Es kommt dir vor, als würdest du Bella schon sehr lange kennen. Wie eine Freundin kommt sie dir vor. Du siehst sie an, und alles in dir ist friedlich und ruhig.

Als das Fohlen aufgehört hat zu trinken, stakst es auf seinen dünnen, langen Beinen in die Ecke der Box und legt sich ins Stroh. Es wirkt müde, aber auch satt und zufrieden. Bella schaut ihm kurz zu, dann kommt sie zu dir. Du streckst ihr vorsichtig die flache Hand hin, und Bella schnuppert an ihr, fast so wie sie zuvor das Fohlen liebkost hat. Nun habt ihr euch richtig begrüßt, und du weißt, dass Bella noch etwas von dir gestreichelt werden möchte. Deine Hand fährt erst über die raue Mähne, danach über das weiche Fell des Rückens. Immer wieder streichst du die langen Haare der Mähne entlang. Als Bella schließlich den Kopf abwendet, weißt du, dass du genug gestreichelt hast. Du verabschiedest dich, indem du noch einmal die flache Hand zum Schnuppern hinhältst. „Tschüs, Bella, bis später. Jetzt muss ich los und draußen spielen. Schlaf schön, kleines Fohlen!“

Du gehst zur Stalltür, die immer noch offensteht, schaust noch einmal hoch zu den Schwalbennestern und gehst hinaus in die Morgensonne. Du blinzelst ein wenig, weil deine Augen sich erst wieder an das helle Licht gewöhnen müssen. Leicht und unbeschwert läufst du über den Hof. Du freust dich auf den neuen Ferientag und bist gespannt, was du heute noch alles erleben wirst.

Der dritte Tag: Auf der Pferdewiese

Heute ist dein dritter Ferientag auf dem Bauernhof. Es ist schon Nachmittag. Ihr seid eben von einem Ausflug zurückgekommen. Du bist mit deinen Eltern auf einem See gerudert. Noch immer hast du das sanfte Platschen im Ohr, wenn die Ruder ins Wasser eingetaucht sind. Deine Eltern haben dir erlaubt, zur Pferdewiese zu laufen. Sie ist nicht weit vom Bauernhof entfernt. Vom Küchenfenster der Ferienwohnung aus kann man sie sogar sehen. Du schlüpfst in deine Schuhe und steigst die Holztreppe hinunter. Die Haustür steht offen. Du gehst nach draußen und über den Hof in Richtung Wiese.

Der Weg zur Pferdekoppel ist mit großen und kleinen Steinen bedeckt. In der Mitte und am Rand wachsen struppige Grasbüschel, aber auch Gänseblümchen, Glockenblumen und Löwenzahn. Einige Löwenzahnpflanzen haben sich schon in Pusteblumen verwandelt. Du pflückst eine ab, hältst sie vor deinen Mund und pustest ein wenig. Du musst dich gar nicht anstrengen, denn die Schirmchen sind bereits locker und bereit, sich auf ihren Weg durch die Luft zu machen. Vom Wind getragen werden sie auf einer Wiese landen, wo die Samenkörner von der Erde aufgenommen werden, damit neue Blumen daraus wachsen.

Du gehst den Weg weiter und entdeckst schließlich ein hellbraunes Pferd mit einer beigen Mähne. Es sieht Ronja sehr ähnlich, ist aber stämmiger. Ist das vielleicht das Pferd, dem die erste Box gehört? Du überlegst. Heißt es nicht Terry? Weiter unten steht Ronja und grast. Bella und ihr Fohlen siehst du nicht. Vielleicht ist das Fohlen noch zu klein, um auf die Weide zu gehen. Nun heben die Pferde ihre Köpfe. Sie haben dich entdeckt und scheinen kurz zu überlegen, was sie nun tun sollen – weitergrasen oder zu dir kommen? Du verlässt den Weg, gehst näher an den Zaun und versuchst, sie mit sanfter Stimme anzulocken: „Ronja! Terry!" Ronja setzt sich als erstes in Bewegung, vielleicht weil sie dich schon kennt. Als sie ein paar Schritte gegangen ist, folgt Terry ihr neugierig. Du schließt die Augen und lauschst auf die Geräusche in deiner Umgebung. Du hörst die Schritte der beiden Pferde im Gras, ein sanftes Schnauben, das Lied einer Amsel, die auf dem Dach der Scheune sitzt, und ganz entfernt das Tuckern eines Traktors. Du riechst den Duft des Getreidefelds, das auf der anderen Seite des Weges beginnt, und ein wenig riechst du auch die Äpfel, die von den Bäumen vor dir auf den Boden gefallen sind, obwohl der Herbst noch gar nicht begonnen hat. Unter deinen Füßen spürst du den festen Untergrund der Wiese. Ganz sicher und ruhig stehst du da.

Als die Schritte von Ronja und Terry verstummt sind, machst du die Augen wieder auf und siehst die beiden vor dir stehen. Terry scheint noch neugieriger zu sein als Ronja, denn er ist nun ganz nah am Zaun. „Hallo Terry, wir kennen uns noch nicht. Du warst nie im Stall, wenn ich die anderen Pferde besucht habe." Die Bäuerin hat dir erlaubt, jedem Pferd auf der Weide einen Apfel zu geben. Du suchst die beiden schönsten Äpfel aus und legst dir einen davon auf die flache Hand. Noch bevor du den Arm ganz ausgestreckt hast, versucht Terry schon, sich den Apfel zu schnappen. Es kitzelt ein wenig, als sein Maul deine Hand berührt. Im Nu hat er den Apfel verspeist. Jetzt ist Ronja an der Reihe. Du gehst ein paar Schritte am Zaun entlang, näher zu Ronja hin, damit Terry sich den zweiten Apfel nicht auch noch angelt. Ronja versteht sofort, dass sie als nächstes an der Reihe ist. Sie nimmt ganz vorsichtig den Apfel mit ihrem Maul von deiner Hand, hält ihn kurz mit den Zähnen fest und zerbeißt ihn anschließend mit einem lauten Knacken. Es knirscht angenehm, als sie ihn ganz zerkaut. Etwas Saft tropft aus Ronjas Maul.

Du betrachtest noch einen Augenblick lang die Pferde, dann lässt du deinen Blick über die Weide schweifen. Mit jedem deiner Atemzüge nimmst du den Duft der Wiese und des Getreidefeldes in dir auf. Du hörst, wie die Pferde das Gras der Wiese abzupfen, das Vogelzwitschern um dich herum und den entfernten Traktor. Du genießt es, einfach nur dazustehen und ein Teil dieser Welt zu sein.

Doch schließlich ist es Zeit, zurück zum Bauernhof zu gehen. Du verabschiedest dich von den Pferden, drehst dich um und gehst auf den Feldweg, der dich zur Ferienwohnung führt. Hin und wieder kickst du einen der Steine, die auf dem Weg liegen, vor dir her. Du brauchst dich nicht zu beeilen und gehst gerne zurück, denn du weißt: Solange du hier bist, kannst du die Pferde jederzeit besuchen.

Der vierte Tag: Das Striegeln der Pferde

Heute ist dein vierter Tag auf dem Bauernhof. Es ist schon spät am Nachmittag. Du stehst am Küchenfenster eurer Ferienwohnung und schaust nach draußen. Seit einer Stunde regnet es immer wieder, aber du hast es warm und gemütlich. Gerade macht der Regen eine Pause. Du siehst, wie dunkle Wolken am Himmel entlang ziehen, und dicke Tropfen von den Dachrinnen auf das Pflaster des Hofs fallen. Der Wind treibt kleine Wellen in die Pfützen. Die ersten Vögel kommen aus ihren Verstecken und fliegen durch die noch dunstige Luft. Auf der Wiese vor dem Haus sucht eine Amsel nach Würmern.

Du schaust jetzt zur Hofeinfahrt und weiter zum Weg, der zur Pferdewiese führt. Voller Vorfreude wartest du darauf, dass es endlich Abend wird. Die Bäuerin hat dich nämlich gefragt, ob du helfen möchtest, die Pferde zu striegeln, wenn sie von der Weide kommen. Du hörst eine Tür zuschlagen. Da kommt die Bäuerin schon. Sie winkt dir zu und deutet mit dem Arm in Richtung der Pferdeweide. Schnell wird dir klar, dass sie losgegangen ist, um Ronja und Terry zu holen. Du wartest, bis du sie auf dem Weg zur Pferdekoppel kaum noch erkennen kannst, dann ziehst du deine Jacke und deine Gummistiefel an. Du sagst deinen Eltern Bescheid, dass du in den Stall gehst, läufst vorsichtig die schmale Holztreppe hinunter, machst die Haustür auf und gehst ins Freie.

Die Luft ist noch warm, aber frisch. Es riecht nach nassem Gras und feuchter Erde. Der Regen hat den Staub von den Steinen gewaschen. Du hebst einen großen Stein auf. Er schimmert silbern. Weil er nass ist, kannst du deutlich das Muster darauf erkennen. Zwei schwarze Linien bilden ein Kreuz. Am Rand ist der Stein mit braunen und rötlichen Punkten besprenkelt. Schwer und glatt liegt er in deiner Hand. Du spürst, wie die Ruhe des Steins in deinen Körper übergeht, und genießt für eine Weile das Gefühl, ganz still dazustehen. Schließlich lässt du den Stein vorsichtig in deine Jackentasche gleiten und läufst zum Stall.

Du musst dich nicht lange gedulden, da hörst du das Stampfen der Pferdehufe, begleitet von der sanften Stimme der Bäuerin, die leise mit den Pferden redet. Ronja und Terry werden an Seilen geführt. In ruhigem Schritt laufen sie rechts und links neben der Bäuerin her. Vor dem Stall bleiben sie stehen. Dort ist es trocken, weil das Stalldach den Regen abhält. An der Mauer neben der Stalltür sind einige Haken angebracht. Hier befestigt die Bäuerin die Seile. Sie geht in den Stall und kommt mit einer großen Ladung Heu in den Armen zurück. Die eine Hälfte legt sie vor Terry auf den Boden. Die andere Hälfte bekommst du. Sie ist für Ronja. Ein kleines Büschel davon gibst du ihr gleich, den Rest legst du wie die Bäuerin vor sie hin.

Du streichelst Ronja sanft über den Kopf und spürst die Nässe in ihrem Fell. Durch den Regen hat sich der Geruch von Ronjas Fell verändert. Die Bäuerin reicht dir ein großes, weiches Tuch. Du fängst an, Ronja damit vorsichtig trocken zu reiben. Erst an der Mähne und am Hals, dann am Rücken, an den Seiten und am Bauch. Ronja bleibt ganz ruhig stehen. Sie scheint es zu genießen, dass sie nach dem Regen im Trockenen ist, und du dich um sie kümmerst. Als nächstes nimmst du dir eine Bürste aus dem Pferdekoffer. Du streichst von oben nach unten über das Fell, immer genau in die Richtung, in die es wächst, sodass es schön glatt und glänzend wird. Ronja dreht den Kopf und schaut dich an. Du spürst den warmen Pferdeatem an deiner Hand. „Sehr gut machst du das“, lobt dich die Bäuerin. Sie löst den Knoten von Ronjas Führstrick vom Haken und gibt dir das Ende des Stricks. Du darfst das Seil halten, bis die Bäuerin auch Terry losgebunden hat. Wieder streichst du mit der Hand über Ronjas Fell. Es fühlt sich nach dem Bürsten trocken und auch weicher an als zuvor.

Ein Blick in den Himmel zeigt dir, dass sich erneut große, dunkle Wolken aufgetürmt haben und bald Regen kommen wird. Die Pferde müssen jetzt in den Stall, und du musst zum Abendessen in die Ferienwohnung. Du verabschiedest dich von Ronja und streichst auch Terry noch einmal über die Mähne. „Gute Nacht, ihr zwei, ruht euch schön aus nach dem langen Tag und schlaft schön. Morgen früh komme ich euch wieder besuchen."

Du schaust noch zu, wie die Pferde in den Stall geführt werden. Dann drehst du dich um und gehst zum Haus. Du öffnest die Haustür und steigst die Holztreppe hinauf. Aus der Küche dringen die Stimmen deiner Eltern und das Klappern von Geschirr zu dir in den Flur. Du freust dich auf das Abendessen und die gemütliche Wohnung. Auch du wirst heute Nacht sicherlich gut schlafen. Und morgen früh darfst du wieder zu den Pferden. Vielleicht begegnen sie dir auch schon in deinen Träumen.

Der fünfte Tag: Der Gang auf die Weide

Heute ist dein fünfter Tag auf dem Bauernhof. Du hast letzte Nacht lange und ruhig geschlafen. Gleich nach dem Aufstehen hast du mit deinen Eltern gefrühstückt, du bist angezogen und warst schon im Bad. Ihr habt keinen Ausflug geplant, und du hast viel Zeit, um auf dem Bauernhof zu spielen und zu den Tieren zu gehen. Mittlerweile kennst du dich schon gut aus und bist mit allen Bewohnern des Bauernhofs vertraut. Zuerst willst du nachschauen, ob die Pferde im Stall sind.

Du schlüpfst in deine Gummistiefel, gehst die knarrende Holztreppe hinunter und öffnest die Haustür. Draußen ist es nach dem gestrigen Regen noch etwas kühl, aber du trägst einen langärmeligen, weichen Pullover und hast es schön warm.

Du atmest tief ein und schaust dich um. Ein sanfter Wind trägt ein Duftgemisch aus Heu, Gras, Blumen und Tieren zu dir. Fast der ganze Himmel ist mit Wolken bedeckt. Nur im Osten, wo die Sonne bereits aufgegangen ist, brechen einzelne Sonnenstrahlen durch die Wolkendecke. Sie sehen wie golden leuchtende Linien aus, die sich vom Himmel zur Erde strecken. Ganz still ist es heute. Keine Maschinen sind zu hören, kein Klappern dringt aus dem Bauernhaus. Nur ein paar Spatzen jagen sich tschilpend durch die Hecken.

Auch vom Stall her kommt kein Geräusch. Sind die Pferde schon auf der Koppel? Du gehst zur Stalltür. Jetzt ist doch etwas zu hören: das Rascheln von Pferdebeinen im Stroh, ein leises Schnauben, ein Eimer, der auf dem Boden entlangscharrt und schließlich die Stimme der Bäuerin, die sanft mit den Pferden zu sprechen scheint. Neugierig schaust du in den Stall hinein. Die Bäuerin hat den Pferden bereits ein Halfter umgelegt. „Hallo, guten Morgen“, sagt sie nun zu dir. „Möchtest du mir vielleicht helfen, die Pferde auf die Weide zu führen? Heute darf Bellas Fohlen zum ersten Mal nach draußen." Inzwischen kennst du die Pferde schon so gut, dass du freudig ja sagst. Du darfst dir aussuchen, welches Pferd du führen willst, und entscheidest dich für Bella. Das kleine Fohlen darf ohne Halfter und Führstrick laufen, denn es will ohnehin bei seiner Pferdemutter bleiben und wird nicht davonspringen.

Du gehst in den Stall und lässt Bella zur Begrüßung an deiner Hand schnuppern. Sachte streichelst du ihr über das Fell. Es fühlt sich warm und weich an. Dann fasst deine Hand nach dem Seil an Bellas Halfter und hält es fest. Das Halfter sitzt locker und stört Bella nicht. Du gehst zwei Schritte nach vorne, und sofort geht Bella mit. Das kleine Fohlen zögert kurz und folgt dann seiner Mutter. Es kann bereits sicher stehen und laufen. Seine Beine sind dünn, aber kräftig. Nun kommt die Bäuerin mit Ronja und Terry zu euch. An jeder Seite hält sie ein Pferd. Sie laufen im Schritt an euch vorbei und übernehmen die Führung eures kleinen Pferdezugs. Bella geht immer an deiner Seite. Wirst du schneller, geht auch sie flotter. Verlangsamst du das Tempo, macht sie es dir nach. Für das Fohlen ist alles neu: das Licht, die Umgebung mit ihren vielen unbekannten Dingen, die Farben, die Gerüche, die Geräusche. Es bleibt immer wieder stehen und schaut sich um. Du siehst, wie sich seine empfindlichen Nüstern bewegen, um die fremden Gerüche aufzunehmen. Das Fohlen hat keine Angst. Es fühlt sich sicher, so nah bei seiner Mutter.

Ihr verlasst den Hof und lauft ein kurzes Stück auf einem festen Teerweg entlang. Das Hufeklappern wird für einen Moment lauter – klackklack, klackklack – dann geht es auf dem Feldweg weiter, bis zum Gatter der Pferdekoppel. Bella scheint hungrig zu sein. Sie hält inne und streckt ihren Kopf nach dem frischen Gras und den Kräutern am Wegrand aus. Auch die Bäuerin bleibt stehen. Sie macht die Führstricke von Ronja und Terry am Weidezaun fest und öffnet das Gatter. Bella hat jetzt aufgehört zu fressen. Du gehst mit ihr und dem Fohlen auf die Wiese und löst vorsichtig den Strick vom Halfter. Obwohl sich die Pferde auf das saftige Gras freuen, bleibt Bella noch einen Augenblick lang stehen und blickt dich an. „Es ist alles in Ordnung, meine Schöne, du darfst nun in Ruhe grasen. Du brauchst Kraft für dich und das Fohlen."

Behutsam schmiegst du deinen Kopf in Bellas Mähne, dein Ohr berührt den Pferdehals. Du streichelst Bella sanft über den Rücken. Das Fell ist weich, der Pferdekörper warm und kraftvoll. Ein wohliges, friedliches Gefühl breitet sich in dir aus. Dein Körper wird ganz ruhig. Du spürst, wie sehr du Bella magst, und dass auch sie dir vertraut. Du schließt für einige Sekunden die Augen, riechst den Duft des Fells und fühlst einen leichten Wind in deinen Haaren. Alles ist genau so, wie es sein sollte. Sogar das Fohlen traut sich nun näher heran. Zum ersten Mal kannst du es streicheln. Sein Fell hat die gleichen Farben wie das von Bella, schwarz und weiß, ist aber weicher und flauschiger. Du schaust dich um. Ronja und Terry sind bereits ein Stück auf die Wiese gelaufen und grasen. Es ist Zeit, auch Bella fressen zu lassen, und das Fohlen die Umgebung erkunden zu lassen. Du weißt, noch bleibt es in der Nähe seiner Mutter, aber bald schon wird es munter über die Wiese springen.

Du verabschiedest dich von den beiden, kletterst über das Gatter und gehst langsam auf dem Feldweg zurück, auf dem du eben noch Bella geführt hast. In der Ferne siehst du deine Eltern stehen. Du winkst ihnen zu und läufst ein wenig schneller, erst auf dem Feldweg entlang, dann auf dem Teerweg. Du freust dich schon darauf, ihnen alles zu erzählen, was du eben erlebt hast.

Der sechste Tag: Das Mähnenzöpfchen

Heute ist dein sechster Ferientag auf dem Bauernhof. Ihr habt am Vormittag einen Ausflug gemacht und seid eben zurückgekehrt. Es ist früher Nachmittag, und deine Eltern wollen sich erst einmal ausruhen, doch du darfst nach draußen und die Pferde auf der Koppel besuchen. Du ziehst deine Gummistiefel an. Eine Jacke brauchst du nicht.

Schritt für Schritt gehst du die Holztreppe hinunter und öffnest die Haustür. Es ist schönstes Sommerwetter. Die Sonne strahlt und wärmt deinen Körper. Der Himmel ist blau. Bloß ein paar Federwölkchen ziehen vorbei. Du schließt deine Augen und atmest tief ein. Es riecht vertraut nach Heu, Blumen und Gras. Die Bäuerin hat eben die Blumen vor dem Haus gegossen. Der nasse Boden verströmt einen erdigen Duft.

Du öffnest deine Augen wieder, blinzelst kurz in den Himmel und machst dich auf den Weg zur Koppel. Nach wenigen Metern kannst du schon Bella und ihr Fohlen entdecken, kurz darauf Terry. Nur Ronja ist nirgends zu sehen. Du verlässt den Weg und gehst am Zaun entlang, bis zum Ende der Weide. Dort haben die Pferde einen Unterstand, der sie vor Regen und Sonne schützt. Der Unterstand sieht wie ein kleiner Stall aus, nur ohne Wände. Hierhin hat sich Ronja heute zurückgezogen. Vielleicht ist es ihr auf der Wiese zu warm, oder sie möchte einfach ein wenig Ruhe haben.

Langsam gehst du auf sie zu. Du beobachtest genau, ob sich Ronja darüber freut oder sich von dir gestört fühlt. Ronja scheint nichts gegen einen kleinen Besuch zu haben. Sie wendet sich dir zu und schaut dich aufmerksam an. Ihre Ohren sind leicht aufgestellt. Du kletterst über den Zaun und begrüßt sie, indem du sie an deiner Hand schnuppern lässt. Es kitzelt, als Ronjas weiches Maul auch vorsichtig deinen nackten Arm berührt. Behutsam legst du eine

Hand auf Ronjas Mähne und beginnst, sie ein wenig zu kraulen. Du spürst, dass die Haare der Mähne verzottelt sind, und sich kleine, runde Pflanzenkügelchen darin verfangen haben – Kletten werden sie genannt. Ganz vorsichtig machst du dich daran, die Kletten aus der Mähne zu lösen und die Haare mit den Fingern glatt zu streichen. Ronja scheint damit einverstanden zu sein, denn sie bleibt ruhig stehen. Ab und an dreht sie den Kopf und betrachtet dich mit einem freundlichen Blick. Immer wieder streichst du mit deiner Hand durch die Mähne und löst vorsichtig die Knoten und Zotteln, bis sich alles glatt anfühlt. Schön sieht Ronja nun aus mit ihrer Mähne aus beigen, grauen und weißen Haaren.

Du bekommst Lust, Ronja etwas festlich aussehen zu lassen. „Darf ich dich ein wenig schmücken, meine Schöne?“ Als Antwort schnaubt Ronja leise. Du greifst mit den Fingerspitzen in die Mähne, nimmst eine dicke Haarsträhne, teilst sie in drei Teile und beginnst, daraus einen Zopf zu flechten. Zuerst nimmst du die rechte Strähne und legst sie über die Mitte nach links. Dann legst du die linke Strähne über die Mitte nach rechts. Dann wieder die rechte nach links und die linke nach rechts. Immer so weiter, ganz ohne Eile, flichtst du Strähne für Strähne zusammen, bis du schließlich alle Haare zu einem Zopf geflochten hast. Ronja bleibt immer noch geduldig stehen. Du streichst den Zopf gerade, streichelst ein wenig das Fell und schmiegst deinen Kopf sachte an Ronjas Seite. Der ruhige, kräftige Pferdekörper strahlt Wärme und Behaglichkeit aus. Du merkst, wie ruhig du dadurch wirst. So steht ihr eine Weile völlig still da. Du schließt die Augen und spürst das weiche Fell an deiner Wange.

Die Sonnenstrahlen, die durch die Blätter des nahestehenden Baumes dringen, wärmen dein Gesicht. Obwohl deine Augen zu sind, kannst du etwas sehen. Hinter deinen geschlossenen Augenlidern tanzen bunte Lichtflecken. Wenn du den Kopf weiter zur Sonne hindrehst, fällt mehr Licht auf deine Augen, und das

Muster ändert sich. Wendest du deinen Kopf dem Schatten zu, wird das Bild dunkler, und die Lichtpunkte wechseln ihre Farbe. Eine Zeitlang bewegst du deinen Kopf immer wieder langsam hin und her und betrachtest die Bilder hinter deinen Lidern.

Dann öffnest du die Augen wieder. Du bist so nah bei Ronja, dass du jedes einzelne Härchen erkennen kannst. Das Fell ist hellbraun. Aber wenn du genau hinsiehst, erkennst du auch einige weiße und graue Härchen dazwischen. Du gehst einen Schritt zur Seite und betrachtest Ronjas Augen. Sie sind dunkel, fast schwarz. Ihr Blick ist ruhig und friedlich. Feine, lange Wimpern schützen die Augen vor Schmutz und Insekten, genau wie bei den Menschen. Als sich eine Fliege auf ihre Stirn setzt, kommt Ronja in Bewegung. Sie schüttelt den Kopf, und die Fliege verschwindet. Du spürst, dass es nun Zeit ist, sich zu verabschieden. „Ich muss jetzt gehen, Ronja, aber morgen komme ich wieder."

Du verlässt den Unterstand, drehst dich noch einmal um, betrachtest Ronja und die Wiese mit den Obstbäumen, den Himmel, die kleinen Wolken. Etwas entfernt stehen Bella und ihr Fohlen. Terry grast friedlich im Schatten eines Baumes. Du hast das Bild noch vor Augen, als du langsam, ohne Eile, über den Zaun auf den Feldweg kletterst und den Weg zurück zum Bauernhof läufst. Eine stille Freude breitet sich in dir aus – über die Freundschaft, die dich mit Ronja und den anderen Pferden verbindet und die schönen Momente, die ihr gemeinsam erleben durftet. Du schaust zu eurer Ferienwohnung. Eben wurde ein Fenster geöffnet. Sicher warten deine Eltern schon auf dich. Vielleicht wirst du ihnen erzählen, was du eben erlebt hast. Vielleicht auch nicht. Das schöne Gefühl in dir wird auf jeden Fall noch lange Zeit bleiben.

Der siebte Tag: Der Ausritt

Heute ist dein vorletzter Tag auf dem Bauernhof. Morgen fahrt ihr wieder nach Hause. Aber deine Eltern haben dir gesagt, dass ihr in den nächsten Ferien wiederkommt und vielleicht auch einmal ein Wochenende hier verbringt.

Du freust dich schon ganz besonders auf die Pferde, denn heute darfst du zum ersten Mal reiten. Die Bäuerin will sich Zeit für dich nehmen und dir das Satteln und die anderen Vorbereitungen zeigen, die man vor einem Ausritt treffen muss. Bella darf noch nicht geritten werden, weil sie erst ein Fohlen bekommen hat und noch zu schwach ist. Ronja bekommt heute neue Hufeisen. Und weil Terry ein besonders braves Pferd ist und auch Kinder gerne mag, wird er heute dein Reitpferd sein. Du hast bereits alles zurechtgelegt, was du zum Reiten brauchst. Du ziehst eine lange Hose an, schlüpfst in deine Gummistiefel und setzt deinen Helm auf. So bist du beim Reiten gut geschützt. Du verabschiedest dich von deinen Eltern, gehst die Treppe hinunter, durch die Haustür hinaus in den Hof und gleich weiter zum Stall.

Weil es so früh am Morgen ist, sind noch alle Pferde in ihren Boxen. Sie sind wach und schauen neugierig zur Stalltür. Nur das kleine Fohlen scheint etwas müde zu sein. Es liegt ins Stroh eingekuschelt an der Wand der Box. Da kommt die Bäuerin. Sie hat Terrys Zaumzeug mitgebracht und zeigt es ihm. Er scheint zu wissen, dass du heute auf ihm reiten darfst, denn er streckt seinen Kopf weit über die Box und schnuppert zur Begrüßung an deiner Hand. Du betrachtest den Sattel, der an einem Haken neben dir hängt. Er ist aus dunkelbraunem Leder. Du lässt deine Hand darüber gleiten. Er fühlt sich glatt und geschmeidig an. Sein Geruch ist würzig und erinnert dich an Taschen oder Geldbeutel aus Leder, aber nicht nur. Ein wenig riecht er auch nach Pferdefell und nach dem Öl, das zur Pflege des Leders benutzt wird.

Die Bäuerin geht mit dir in die Box und zeigt dir nun, wie man vorsichtig die Trense anlegt und das Zaumzeug überstreift. Sie hält Terry fest und gibt dir eine Bürste, mit der du sein Fell säuberst. Ganz vorsichtig streichst du damit über Terrys Seite, immer in die Richtung, in die das Fell wächst. Terry bleibt ganz ruhig stehen und scheint die Streicheleinheiten am Morgen zu genießen. Die Bäuerin erklärt dir, dass kein Schmutzkörnchen auf Terrys Rücken sein darf, wenn er gesattelt wird. Sonst könnte ihn das beim Reiten reiben, wie ein Steinchen, das in einen Schuh geraten ist und am Fuß scheuert. Du machst so lange mit dem Bürsten weiter, bis das Fell auf der einen Seite glatt und samtig ist. Du fährst mit deiner Hand darüber und versicherst dich, dass alles sauber ist. Danach machst du auf der anderen Seite weiter, bis die Bäuerin dir sagt, der Sattel könne jetzt aufgelegt werden. Der Sattel ist schwer und soll gut festgemacht werden. Das muss die Bäuerin alleine machen, aber du schaust gut zu und versuchst, dir alles zu merken.

Als Terry fertig ist, öffnet die Bäuerin die Tür zur Box, und du darfst ihn nach draußen führen. Terry läuft bereitwillig neben dir her. Der Führstrick liegt locker in deiner Hand. Terry scheint ohne Worte oder Zeichen zu verstehen, was er tun soll. Als du draußen vor der Stalltür stehen bleibst, stoppt auch Terry seine Schritte. Bis die Bäuerin nachkommt, streichelst du ihn noch ein bisschen. Er beugt seinen Kopf zu dir herab. Leise flüsterst du ihm ins Ohr: „Du bist ein feines Pferd, mein Guter."

Nun stellt die Bäuerin einen kleinen Hocker neben Terry. Du stellst dich darauf und schwingst das rechte Bein über den Pferderücken. Die Bäuerin stützt dich dabei ein wenig. Du gleitest in den Sattel und steckst die Füße in die Steigbügel. Einen Moment lang bleibt ihr fast reglos stehen. Du spürst Terrys kräftigen Körper unter dir. Dein Herz ist voller Freude. Alles ist genau so, wie es sein sollte. Du bist ein klitzekleines bisschen aufgeregt, hast aber keine Angst.

Je länger du sitzt und den kräftigen Pferdekörper unter dir wahrnimmst, desto sicherer fühlst du dich.

Du ergreifst die Zügel. Durch einen sanften Druck deiner Oberschenkel gibst du Terry ein Zeichen, dass es losgehen kann. Terry setzt sich in Bewegung und läuft in gleichmäßigem, ruhigem Schritt. Für eine Weile hält die Bäuerin den Führstrick. Da alles gut funktioniert, macht sie ihn schließlich los, und du darfst ganz alleine reiten. Die Bäuerin geht neben euch her und zeigt Terry so den Weg. Zuerst nehmt ihr den Feldweg zur Wiese hinunter bis zum Waldrand. Dann biegt ihr auf einen breiten Pfad ab, der am Wald entlangführt. Du sitzt ganz gerade, dein Körper wippt bei jedem Schritt auf und ab. Es fühlt sich so an, als ob Terry schon seit ewigen Zeiten dein Reitpferd wäre. Ihr lauft und lauft und lauft. Es könnte ewig so weitergehen, immer auf dem Pfad am Waldrand entlang. Du hörst Vögel zwitschern, deren Melodien du noch nicht kennst, siehst Blumen und Sträucher, die dir neu sind. Der Wald strahlt kühle, frische Luft ab.

Schließlich kommt ihr an eine Weggabelung. Von hier führt rechts eine schattige Baumallee zurück zum Bauernhof. Durch eine sanfte Bewegung mit deinem Oberschenkel gibst du Terry ein Zeichen, dass er nach rechts abbiegen und den Rückweg antreten soll. Im Schritt geht es weiter, auf dem schönen Weg unter dem Blätterdach der Alleebäume entlang. Du schaust nach oben. Der Wind lässt die Blätter zittern und rauschen. Über den Bäumen ist der Himmel strahlend blau. Als die Allee zu Ende ist, setzt ihr euren Ausritt noch ein kurzes Stück auf einem Feldweg fort, schon seid ihr beim Bauernhof angekommen. Du reitest bis zur Stalltür, dort hält Terry an. Du beugst deinen Kopf nach vorne und schmiegst ihn in Terrys Mähne. Vorsichtig klopfst du ihm auf den Hals, dann lässt du dich seitlich aus dem Sattel gleiten. Noch nie in deinem Leben hast du dich so frei und gleichzeitig so sicher und ruhig gefühlt wie bei deinem Ausritt eben. Dieses Gefühl ist nun fest in deinem Inneren verankert, und die Erinnerung daran wird dir immer bleiben.

Als die Bäuerin den Sattel und das Zaumzeug entfernt hat, darfst du Terry trockenreiben und bürsten. Jeder Bürstenstrich ist für dich wie eine Liebkosung, mit der du dich bei Terry für den schönen Ausflug bedankst. „Machs gut, mein Lieber, ich muss jetzt los. Aber morgen komme ich noch einmal und sage dir auf Wiedersehen."

Du gehst aus dem Stall, über den Hof zum Wohngebäude. An der Haustür zögerst du kurz. Du drehst dich um und betrachtest alles. Ganz tief atmest du die klare, frische Landluft ein. Ohne Eile öffnest du die Tür und steigst die Treppe hinauf. Aus der Ferienwohnung hörst du die Stimmen deiner Eltern. Du freust dich sehr darauf, ihnen alles über deinen Ausritt zu erzählen.

Der achte Tag: Der Abschied

Heute ist der Tag, an dem du den Tieren auf dem Bauernhof Lebewohl sagen musst und ihr nach Hause fahrt. Du bist ein bisschen traurig, dass du diesen schönen Ort verlassen musst, aber auch dankbar und froh über das, was du hier erlebt hast. Außerdem weißt du, dass ihr bald wieder herkommen könnt. Du hast bereits mit deiner Familie gefrühstückt. Deine Eltern sind mit Packen beschäftigt. Nun hast du genügend Zeit, um zu den Pferden zu gehen und dich von allem zu verabschieden.

Letzte Nacht hat es angefangen zu regnen. Es ist deutlich kühler geworden. Du ziehst eine warme Jacke an und steckst die kleine Schachtel ein, die du dir gestern gekauft hast. Wegen der Regenwolken ist es draußen dunkler als sonst. Durch die Fenster fällt weniger Licht. Du machst die Lampe im Hausflur an, gehst die Treppe hinunter und öffnest die Tür.

Du atmest tief ein. Zum ersten Mal in diesem Sommer hast du das Gefühl, dass alles schon ein wenig herbstlich riecht. Die Blumen und das Gras sind mit Regentropfen bedeckt. Die Gänseblümchen haben ihre Blüten geschlossen. Du betrachtest die Steine, die um das Blumenbeet liegen. Der Regen hat sie nass gemacht, und so kann man die Muster auf ihnen gut erkennen. Ein Stein gefällt dir besonders gut. Er hat dunkle Linien, die sich in der Mitte treffen und wie ein Stern aussehen. Du hebst den Stein auf und legst ihn in die Schachtel. Dazu legst du noch das kleine Gänseblümchen, das neben dem Stein gewachsen war.

Dann gehst du in den Stall. Alle Pferde sind heute drinnen geblieben. Sie stehen ruhig, aber wach und aufmerksam in ihren Boxen, auch das kleine Fohlen. Von oben hörst du das hungrige Zwitschern der Schwalbenkinder in ihren Nestern. Die Schwalbeneltern sind wie an den Tagen zuvor eifrig damit beschäftigt, Fliegen zu fangen und ihre Jungen zu füttern. Schnell und fast lautlos fliegen sie durch die schmalen Öffnungen der Stallfenster nach draußen und mit Beute im Schnabel zurück.

Ronja streckt den Kopf über die Box und schaut dich mit ihren dunklen Augen an. Vorsichtig vertreibst du eine Fliege von ihrem Hals und streichelst ihr über die Mähne. Du betrachtest die langen Wimpern an ihren Augen, das kurze, glatte Fell an ihrer Stirn und die hellen Strähnen der Mähne, die über ihr Gesicht fallen. Dein Blick wandert weiter zu den feinen, langen Tasthaaren, die Ronjas Maul umgeben. Sie helfen ihr, Dinge zu spüren, bevor sie ihre empfindlichen Lippen berühren. Ronja schnuppert an deiner Hand, und du spürst die samtig weiche Haut um die Nüstern herum. „Auf Wiedersehen, meine Liebe, bis bald!"

Als nächstes gehst du zu Terry. Du streckst ihm die Hand entgegen und sofort wendet er sich dir zu. Er sieht Ronja sehr ähnlich, aber du hast die Pferde von Anfang an so genau betrachtet, dass du die Unterschiede zwischen ihnen gut kennst. Terry ist kräftiger. Der schwarze Fleck über dem Maul ist bei ihm ein bisschen größer. Am rechten Ohr hat er einen kleinen weißen Punkt. „Danke, dass ich gestern auf dir reiten durfte. Bei meinem nächsten Besuch machen wir das wieder."

Als letztes verabschiedest du dich von Bella und ihrem Fohlen. Du staunst, wie schnell das Fohlen in der kurzen Zeit gewachsen ist. Vielleicht ist es aber auch nur kräftiger geworden. Als du Bella durch die Mähne fährst, bleibt eines ihrer Haare an deinem Jackenärmel hängen. Du zupfst es behutsam ab und legst es zu den anderen Sachen in die Schachtel. Für einen kurzen Moment lässt du sie noch offen, damit du auch noch den Geruch des Stalls einfangen kannst. Danach legst du ein paar Stängel Heu hinein, machst die Schachtel fest zu und steckst sie in die Jackentasche.

Die Pferde scheinen zu spüren, dass heute etwas anders ist. Sie sind ruhiger als sonst, nur ab und an bewegen sie den Schweif, um die Fliegen zu vertreiben. Du schaust dir alles noch einmal genau an: den Stall, die Pferde, die Schwalbennester, das Stroh in den Boxen, das Heu im großen Korb auf dem Gang, die Eimer, Besen, Heugabeln, Putzkoffer und Namensschilder. Aufmerksam lauschst du auf die Geräusche um dich herum. Du hörst den Regen an die Stallfenster prasseln, das Rascheln des Strohs, wenn das kleine Fohlen herumläuft, und das sanfte Schnauben der Pferde. Du atmest tief ein und riechst all die Gerüche, die dir in der letzten Woche so vertraut geworden sind. Eine tiefe Ruhe breitet sich in dir aus.

Doch nun ist es Zeit, sich zu verabschieden. „Machts gut, ihr vier. Wenn ich das nächste Mal komme, bist du bestimmt deutlich gewachsen, kleines Fohlen. Vielleicht hast du dann auch schon einen Namen, und ein neues Schild ist an deiner Box angebracht."

Du drehst dich um. In dir ist alles aufbewahrt, was du erlebt hast – wie ein Schatz in einer großen, stabilen Holzkiste. Die Hand in deiner Jackentasche umfasst die kleine Schachtel darin. Du gehst aus dem Stall hinaus, über den Hof zurück zum Haus mit eurer Ferienwohnung. Wie so oft in den letzten Tagen gehst du durch die Haustür und die Treppe hinauf. Du siehst das Licht in eurer Ferienwohnung, hörst die Stimmen deiner Eltern. „Bis bald, Bauernhof", sagst du ganz leise, „ich werde oft an dich denken. Ganz sicher komme ich wieder."

Eine Ferienfreundschaft

Der erste Tag: Der Ferienhof

Heute ist der Tag, auf den du dich schon lange gefreut hast. Es ist dein erster Urlaubstag in den Sommerferien. Ihr macht Urlaub auf einem Ferienhof. Du hast eine lange Reise hinter dir. Bis spät in die Nacht hinein seid ihr gestern unterwegs gewesen. Weil du bei der Ankunft sehr müde warst, seid ihr sofort in eure Ferienwohnung gegangen, und du hast lange und tief geschlafen. Nun bist du aufgewacht und voller Vorfreude auf die nächsten Tage. Endlich hat sie begonnen, die freie Zeit auf dem Ferienhof.

Du liegst in deinem Bett und schaust dich im Zimmer um. Neben dir steht ein Nachtschränkchen, daneben ein weiteres Bett, das mit Kissen und Decken zu einem gemütlichen Sofa umgebaut worden ist. Eines der beiden Holzfenster ist geöffnet. Die weißen, duftigen Gardinen bewegen sich wie kleine Segel im Morgenwind. Vor dem Schrank, der mit wunderschönen Schnitzereien verziert ist, steht die Reisetasche mit deinen Kleidern und Lieblingssachen. In der Ecke liegt ein Sitzsack aus einem Stoff mit Sternenmuster.

Du setzt dich ein wenig auf und lauschst. Ist schon jemand wach? Von draußen dringen ein paar freundliche Stimmen zu dir herein. Du kannst nicht verstehen, was gesprochen wird, denn ihr habt heute Nacht die Grenze zu einem anderen Land überquert. Du kennst es von Bildern, aber dessen Sprache kannst du nicht. Nun mischt sich eine dir bekannte Stimme in die Geräusche von draußen. Deine Eltern sind also auch schon aufgewacht. Du stehst auf, öffnest die Tür deines Ferienzimmers und begrüßt sie. Du siehst an ihren Gesichtern, dass heute vieles anders ist als sonst. Keiner hat es eilig. Keiner drängt dich, etwas zu tun. Bis zum Frühstück ist noch Zeit, und deine Eltern erlauben dir, dich draußen ein wenig umzuschauen. Du hast noch deine bequemen Kleider von der nächtlichen Fahrt an und brauchst dich gar nicht umzuziehen.

Leise öffnest du die Wohnungstür, gehst in den Hausflur und schaust dich um. Deine Schuhe sind nicht zu sehen, aber es ist Sommer, und der Boden hat sich angenehm erwärmt. Du kannst unbeschwert barfuß laufen. Eure Ferienwohnung ist im Erdgeschoss eines hübsch renovierten Steinhauses. Mit wenigen Schritten bist du bei der Haustür. Du machst sie auf, gehst über die Schwelle und bleibst kurz stehen. Es ist warm, aber ein kühler Wind streicht über deine nackten Arme, sodass du eine Gänsehaut bekommst. Die Luft riecht frisch und ganz anders als bei dir daheim – ein wenig nach gemähtem Gras, aber würziger und blumiger. Einige Schwalben sitzen auf dem Hausdach gegenüber. Bis auf ihr fröhliches Zwitschern ist alles still.

Ach nein, noch ein anderes Geräusch ist zu hören, ein sanftes Plätschern von Wasser, als hätte jemand vergessen, einen Wasserhahn zuzudrehen. Was das wohl ist? Woher es wohl kommt? Vorsichtig gehst du die drei Stufen der Steintreppe vor dem Haus hinunter. Der Hof ist gepflastert und sieht frisch gekehrt aus, dennoch spürst du bei jedem Schritt winzige Steinchen, die an deinen Fußsohlen kitzeln. Du entdeckst eine kleine Feder vor dir auf dem Boden. Sie ist weiß und flauschig. Als ein Windstoß kommt, wird sie sanft hochgehoben und durch die Luft getragen. Du folgst ihrem Flug, bis sie schließlich nach unten gleitet und in einer großen Pfütze liegen bleibt.

Du wunderst dich, dass es hier eine Pfütze gibt, denn es hat gar nicht geregnet. Neugierig gehst du um das Haus herum und schnell entdeckst du, woher das Wasser stammt. Der Hof hat einen eigenen Brunnen! Er besteht aus einem großen, länglichen Steintrog und ähnelt einer schmalen Badewanne. An einer Seite ist ein langes, geschwungenes Rohr angebracht, aus dem ununterbrochen Wasser fließt. Jetzt wird dir auch klar, woher das Geräusch gekommen ist, das du beim Verlassen des Hauses gehört hast. Du gehst näher heran. Das Wasser ist so klar, dass du bis auf den Grund des

Brunnentrogs sehen kannst. Die Innenseiten schimmern dunkelgrün, weil sich dort kleine Algen und andere Wasserpflanzen angesiedelt haben. Die feinen, grünen Ärmchen der Pflanzen wiegen sich im Strom des Wassers sanft hin und her. Am Brunnenrand sind ein paar Blätter hängengeblieben. Vermutlich hat der Wind sie herbeigeweht. Vor dem Abflussrohr hat sich so viel Laub verfangen, dass es verstopft ist. Das Wasser kann nicht mehr ablaufen und fließt als kleines Rinnsal zuerst über den Beckenrand und dann den Hof entlang, bis es schließlich in der großen Pfütze endet. Vorsichtig setzt du einen Fuß nach dem anderen in das schmale Bächlein und folgst dem Wasser bis zur Pfütze. Sie ist wärmer als du gedacht hast. Vielleicht hat die Morgensonne sie schon erwärmt. Du planschst ein wenig mit den Füßen im Wasser, dann gehst du zurück zum Brunnen. Langsam tauchst du deine Hand in das Wasser des Steintrogs. Im Gegensatz zum Pfützenwasser ist es sehr kalt, fast schon eisig. Du spreizt deine Finger, formst deine Hand zu einem Rechen und löst behutsam die Blätter aus dem Abfluss. Die nassen Blätter fühlen sich etwas glitschig an. Nun kann das Brunnenwasser wieder abfließen. Für einen kurzen Moment überlegst du, ob du ein kleines Floß bauen und schwimmen lassen solltest, aber deine Neugierde treibt dich weiter.

Du gehst in die Mitte des Hofs und schaust dich um. Deine nassen Füße haben dunkle Abdrücke auf dem trockenen Pflaster hinterlassen. Wohin sollst du deine Erkundungstour nun fortsetzen? Vor dir führt ein Weg aus dem Hof hinaus zur Straße. Von da seid ihr gestern Nacht gekommen. Hinter dir steht eine hohe Scheune mit einem großen Holztor. Rechts von dir befindet sich das Haus mit eurer Ferienwohnung und links das Wohnhaus der Hofbesitzer. Es grenzt an ein Backsteingebäude, das früher vielleicht einmal ein Stall gewesen ist. Es wäre verlockend, dieses Gebäude und auch die Scheune zu erkunden, aber du musst erst fragen, ob du das darfst. Also beschließt du, dich zunächst draußen umzusehen.

Du gehst geradeaus über den Hof zur Zufahrt für die Fahrzeuge. Die kleinen Steinchen kribbeln unter deinen nackten Füßen. Vorsichtig machst du einen Schritt nach dem anderen. An manchen Stellen wächst Moos zwischen den Pflastersteinen. Dort ist der Untergrund samtig und weich. Wie angenehm das Laufen darauf ist! Schließlich bist du am Ende des Hofs angelangt. Hier ist eine rot-weiße Kette zwischen zwei Holzpflöcken aufgespannt. Schnell wird dir klar, warum. Kein Fahrzeug kann in den Hof fahren, ohne vorher anzuhalten, denn zunächst muss die Kette gelöst werden. Der Hof ist somit geschützt. Du kannst frei herumrennen und spielen, ohne ständig auf Fahrzeuge achten zu müssen. In dir breitet sich ein tiefes Glücksgefühl aus. Wie sehr freust du dich auf die nächsten Tage! Du atmest tief ein und versuchst, all die guten Gerüche in dir aufzunehmen: den Duft des nahegelegenen Getreidefeldes, das süßliche Aroma der Kamillenblüten am Wegesrand und all die anderen Gerüche, die an solch einem herrlichen Sommermorgen in der Luft liegen. Noch eine Weile stehst du so da. Deine Beine stehen fest und sicher auf dem Boden. Völlig entspannt atmest du tief ein und aus. Mit jedem Atemzug spürst du, wie eine ruhige Kraft in dich einströmt.

Doch allmählich wird es Zeit, wieder zur Ferienwohnung zu gehen. Zuerst läufst du langsam, dann immer schneller. Du merkst, dass du ein wenig hungrig bist. Sicher ist das Frühstück schon fertig, und ihr könnt gemeinsam besprechen, wie ihr den Tag verbringen werdet. Voller Vorfreude gehst du über den Hof zum Haus mit eurer Ferienwohnung. Du erklimmst die drei Stufen, die zum Eingang führen, betrittst das Haus und gelangst über den Flur zu eurer Wohnung. Als du die Tür öffnest, riechst du sofort den Duft von Brötchen und frischem Kaffee. Ein Wohlgefühl durchflutet dich. Hattet ihr nicht etwas besonders Leckeres für euer erstes Ferienfrühstück eingepackt? Mal sehen, ob deine Eltern tatsächlich daran gedacht haben.

Der zweite Tag: Am Bach

Heute verbringst du deinen zweiten Tag auf dem Ferienhof. Ihr seid gestern bis abends unterwegs gewesen, sodass du dich noch nicht weiter auf dem Hof umsehen konntest. Nun ist es Morgen. Du fühlst dich fit und ausgeschlafen, hast schon gefrühstückt und warst im Bad. Vor dir liegt ein neuer Tag mit viel Zeit, um draußen zu spielen.

Du verabschiedest dich von deinen Eltern, schlüpfst in deine Schuhe und gehst in den Flur. Die Haustür steht offen, damit frische Morgenluft hereinströmen kann. Draußen ist es still. Nur für einen kurzen Moment sind Stimmen aus dem Haus gegenüber zu hören. Auch eine Kinderstimme ist dabei. Du gehst ins Freie und bleibst an der kleinen Treppe, die zum Hof führt, stehen. Etwas ratlos siehst du dich um. Du überlegst, wohin du deine gestrige Erkundungstour fortführen könntest. Rechts kommst du zur Hofeinfahrt. Da bist du schon gewesen. Vor dir steht das Haus eurer Gastgeber. Links kommst du zum Brunnen und zur Scheune. An der Scheune vorbei führt ein Feldweg auf eine große Wiese mit Obstbäumen. Ob es dort wohl schon reife Früchte gibt? Vielleicht Äpfel oder Zwetschgen? Das lässt sich schnell herausfinden.

Neugierig hüpfst du die drei Stufen der Steintreppe hinunter und gehst nach links, in Richtung der Obstwiese. Erst am Brunnen vorbei und dann an der Scheune entlang. Am Rand des Feldwegs ist das Gras nicht gemäht. Dort wachsen Kräuter, Gänseblümchen, blaue Wiesenglockenblumen, aber auch Brennnesseln. Du musst ein wenig aufpassen, dass deine nackten Beine sie nicht berühren. Als du etwas Gelbes zwischen den Halmen entdeckst, hältst du inne. Ein Zitronenfalter flattert auf, fliegt ganz dicht an dir vorbei, umkreist dich kurz und landet – ohne dass du eine Berührung wahrnimmst – auf deiner Schulter. So nah ist dir ein Schmetterling bislang nie gekommen. Langsam drehst du den Kopf zur Seite und betrachtest ihn genauer. Die Flügel sind leuchtend gelb und enden in kleinen Spitzen. In ihrer Mitte ist ein winziger bräunlicher Punkt. Die langen Fühler des Schmetterlings sind ununterbrochen in Bewegung und scheinen vorsichtig die Luft zu betasten. Ein sanfter Wind lässt die zarten Flügel erst leicht erzittern, dann hebt er den Zitronenfalter empor und trägt ihn zu den Bäumen. Fröhlich gehst du weiter, dabei folgst du dem Flug des Schmetterlings bis zur Obstwiese. Unter den Bäumen ist das Gras höher als auf dem Weg. Dicke Tautropfen hängen an den Halmen, und deine Schuhe färben sich durch die Feuchtigkeit dunkler. Du schaust nach oben in die Baumkronen. Nein, die Äpfel sind noch nicht reif. Die Zwetschgen sind bereits bläulich, aber an vielen Stellen noch grün. Es müssen noch einige Sonnentage vergehen, bevor man sie ernten kann.

Du läufst noch ein Stück in die Wiese hinein. Wieder wird dein Blick von etwas Gelbem angelockt. Am Rand der Wiese ragt ein Baum heraus, der voller kleiner, gelber Früchte hängt. Deine Suche war also doch noch erfolgreich, denn die Mirabellen sind schon reif und verbreiten einen angenehm fruchtigen Duft. Du musst heute unbedingt nachfragen, ob du davon naschen darfst. Aber jetzt geht es erst einmal weiter – weiter über die Wiese, die nun ein wenig nach unten führt und schließlich an einem Bach endet. Der Bach ist von Weiden und hohem Schilf umsäumt. Große Erlen spenden Schatten. Du läufst ein Stück den Bach entlang. Immer wieder gibt es Stellen, an denen du von der Wiese aus zum Wasser klettern könntest. Aber es geht steil nach unten, und du befürchtest, dabei abzurutschen. Du läufst also voran, bis du schließlich eine Stelle entdeckst, an der das Ufer flach in den Bach hineinführt.

Der Graben ist hier breit und das Wasser niedrig. Ufer und Grund sind mit kleinen, bunten Kieselsteinen bedeckt. Du ziehst deine Schuhe und Socken aus, legst sie ans Ufer und watest vorsichtig ins Wasser. Die runden Steinchen kitzeln ein wenig an deinen Fußsohlen, doch dazwischen ist ein feiner, sandiger Untergrund, in den deine Füße fast vollständig einsinken. Wo deine Füße den Boden aufwühlen, wird das Wasser trüb. Neues Wasser fließt darüber, und schnell wird es wieder klar. Du bückst dich, nimmst einige Kieselsteine in deine Hand und lässt sie in den Bach rieseln. Aufmerksam lauschst du auf das sachte Geräusch, das dabei entsteht. Nun greifst du nach einem größeren Stein und lässt ihn hinunterplumpsen. Wie lustig sich das laute „Plopp" anhört! Für kurze Zeit ist es fast vollkommen still. Nur der Wind, der durch die Erlen streicht, ist zu hören und das leise, friedliche Plätschern des Bachs.

Ein erneutes „Plopp" lässt dich aufhorchen. Verwundert schaust du dich um. War das ein Fisch? Für Fische ist das Wasser doch eigentlich zu flach. Ist vielleicht ein Zweig oder etwas anderes von den Bäumen ins Wasser gefallen? Dein Blick folgt dem Bachlauf. Jetzt siehst du, woher das Geräusch gekommen ist. Weiter unten sitzt ein Kind am Ufer des Bachs. Es ist ungefähr in deinem Alter und könnte das Kind sein, das auf dem Hof wohnt und das du schon mehrmals gehört hast. Es scheint auch dich bemerkt zu haben. Ihr nickt euch kurz zu. Das Kind hebt die Hand. War das ein Gruß an dich? Oder vielleicht eine Aufforderung, zu ihm zu kommen? Du überlegst kurz. Dann nimmst du ein kleines, raues Stück Holz und befestigst ein Blatt in einer der Ritzen. So sieht das Holzstück fast wie ein Segelboot aus. Vorsichtig setzt du es auf die Wasseroberfläche und lässt es los. Für wenige Momente schwankt es hin und her, aber sogleich wird es von der Strömung erfasst und gleitet davon, überwindet Unebenheiten und segelt durch das verschlungene Gewirr der Uferpflanzen.

Das Kind hat dein Schiff schnell entdeckt. Es steht inzwischen im Bach und scheint aufzupassen, dass das Schiff nicht davonschwimmt. Du zögerst kurz. Entschlossen nimmst du einen Stock in die eine Hand und deine Schuhe und Socken in die andere und folgst der Strömung des Bachs. Das Kind ist beschäftigt. Es scheint etwas zu bauen, und rasch wird dir auch klar was. Geschickt schichtet es Hölzer und Steine zu einem Staudamm, der einen Teil des Wassers aufhält und dein Boot besser schwimmen lässt. Du legst deine Sachen an den Rand und pflückst einige große, fächerartige Blätter vom Grabenrand. Du hebst sie hoch, damit das Kind sie sieht. Es versteht sofort deinen Plan und nickt. Nun baut ihr gemeinsam am Staudamm weiter. Du befestigst die Blätter zwischen den Zweigen. Das Kind holt große Steine, die den Damm gegen die Strömung sichern sollen. Immer höher steigt das gestaute Wasser, bis es schließlich eure Waden bedeckt. Du bist ganz versunken in deine Arbeit, sodass du erst allmählich bemerkst, wie eine prickelnde Kälte an deinen Beinen emporsteigt. Deine Oberschenkel sind kühl und voller Gänsehaut, und so steigst du aus dem Wasser ans Ufer. Es dauert nicht lange, da kommt das Kind hinterher. Es sammelt etwas vom Boden auf und beginnt, ein kleines Floß zu bauen. Ein Stöckchen nach dem anderen bindet es mit langen Grashalmen aneinander. Als es fertig ist, setzt es das Floß behutsam in den Bach, und die Strömung treibt es zu deinem Segelboot, das immer noch im gestauten Wasser schwimmt.

Ihr schaut eine Weile zu, dann blickt das Kind zu dir und sagt ein paar Worte in seiner fremden Sprache. Du verstehst die Worte nicht, aber die Melodie der Sätze gefällt dir. Als es aufsteht, erst kleine Trippelschritte mit den Fingern macht und dann auf den Hof zeigt, wird dir klar, was es dir sagen will. Es ist Zeit für das Kind, nach Hause zu gehen. Ein zögerliches Winken, und gleich darauf rennt es barfuß zum Hof zurück. Vorsichtig nimmst du das Boot und das Floß aus dem Wasser und stellst sie an eine geschützte Stelle am Ufer. Danach packst du deine Schuhe und Socken und machst dich ebenfalls auf den Rückweg. Du läufst wie das Kind barfuß über die Wiese, spürst erst das weiche Gras unter den Füßen, dann die Steinchen des Feldwegs und schließlich das

Pflaster des Hofs. Dein ganzer Körper fühlt sich wunderbar ruhig, locker und wohlig an.

Langsam steigst du die Treppenstufen zum Haus hinauf, streifst deine Füße auf der rauen Matte ab und gehst in den Hausflur. Du stellst deine Sachen ab, öffnest die Tür zu eurer Ferienwohnung und trittst ein. Deine Füße sind noch ein wenig nass. In deinen Ohren klingt noch das friedliche Plätschern des Wassers. Schön ist dein kleiner Ausflug gewesen. Gleich kannst du deinen Eltern erzählen, was du alles erlebt hast.

Der dritte Tag: Das Geheimnis im Heu

Heute ist dein dritter Tag auf dem Ferienhof. Als du aufgewacht bist, war das Frühstück schon fertig. Ihr habt beschlossen, nichts zu unternehmen und die Ruhe um euch herum zu genießen. Vielleicht zeigst du deinen Eltern später noch den Staudamm und die Boote.

Nach dem Waschen, Zähneputzen und Anziehen darfst du sofort nach draußen gehen. Ein Blick aus dem Fenster zeigt dir, dass es gestern Nacht geregnet hat. Du schlüpfst in Jacke und Gummistiefel und machst die Wohnungstür auf. Im Flur ist es wegen des trüben Wetters dunkel. Nur durch die Glasfenster der Eingangstür fällt ein wenig Licht herein. Du gehst zur Haustür, öffnest sie und springst die drei Stufen hinunter in den Hof.

Durch den Regen haben sich auf dem Pflaster Pfützen gebildet. Die Wolken des Himmels spiegeln sich darin. Vorsichtig tippst du mit dem Gummistiefel in eine Pfütze. Kleine Wellen breiten sich aus, und das Wolkenspiegelbild verschwindet. Du wartest, bis das Wasser sich beruhigt hat, und trittst erneut hinein, diesmal ein bisschen stärker. Ein lustiges, schmatzendes Geräusch entsteht. Das Pfützenwasser spritzt auf und besprengt dich mit kleinen Tropfen, die dunkle Flecken auf deiner Kleidung hinterlassen.

Eine Weile trittst du so weiter in die Pfütze. Du bist ganz vertieft in dein Spiel, bis du von einer Bewegung abgelenkt wirst. Du schaust zur Scheune. Das Kind, mit dem du gestern am Bach gespielt hast, steht davor. Es scheint dir ein Zeichen zu geben, dass du zu ihm kommen sollst. Du überlegst kurz. Hast du die Handbewegung richtig verstanden? Zögernd gehst du zur Scheune. Das Kind lächelt, beugt sich zu dir und flüstert dir etwas zu. Als es merkt, dass du es nicht verstehst, legt es seinen nach oben gestreckten Zeigefinger vor den Mund. Jetzt weißt du, dass es sich um ein Geheimnis handelt und du leise sein sollst. Das Kind geht langsam ein paar Schritte in die Scheune hinein, du hinterher.

Mittlerweile haben sich fast alle Regenwolken verzogen, und die Morgensonne scheint kraftvoll durch die Scheunenfenster. Alles ist still. Kleine Staubkörnchen scheinen im Morgenlicht zu tanzen. Wie winzige Schneeflocken sehen die Staubpunkte im hellen Sonnenschein aus. Und während du noch ganz versonnen schaust, strömt ein Duft in deine Nase. Er kommt dir bekannt vor, aber du hast ihn noch nie in dieser Stärke wahrgenommen. Es ist der zarte, würzige Duft frisch getrockneten Heus. Ganz hinten in der Scheune liegt ein riesiger Heuberg, der fast so hoch ist wie ein kleines Haus. Am liebsten würdest du von hoch oben hineinspringen, wie in eine Wolke. War es das, was das Kind dir zeigen wollte? Aber warum solltest du leise sein? Etwas ratlos fragst du dich, worin das Geheimnis besteht.

Das Kind hat sich mittlerweile näher an das Heu geschlichen und hinter den Rädern einer Schubkarre versteckt. Du bückst dich ein wenig und pirschst hinterher. Gespannt wartest du, was nun geschieht. Ein kleiner Fingerzeig des Kindes genügt, und du entdeckst schließlich eine Katze, die vor dem Heuhaufen sitzt. Ihr schwarzes Fell wird an der Stirn von einem weißen Fleck verziert, der fast wie ein Stern aussieht. Gehört die Katze dem Kind? Aber warum müsst ihr dann schleichen? Ist sie so scheu? Die Katze schaut sich nun um und steht auf. Erst jetzt siehst du, dass das Heu nicht einfach auf dem Boden liegt, sondern auf einer Art Holzpodest, das von unten Luft an das Heu lässt – vermutlich damit es nicht schimmelt. Die Katze nimmt Anlauf und springt auf den Rand des Holzgitters, das hier nur spärlich mit einigen Halmen bedeckt ist. Sie schnuppert an den Holzlatten und in den Ritzen, bis sie vor einem breiten Spalt im Holzgitter stehen bleibt.

Ein leises Maunzen ist zu hören, dann noch eines. Es klingt anders als das übliche Miauen, denn die Katze brummt und schnurrt vor jedem „Miau“. Du wunderst dich, was sie damit sagen will. Und mit einem Mal siehst du etwas, mit dem du nie gerechnet hättest. Nacheinander strecken drei kleine Kätzchen ihre Köpfe durch den Spalt, schauen sich kurz um und klettern schließlich heraus. Sie sind kaum größer als deine Faust. Ihr Fell sieht unglaublich weich aus. Ein ganz schwarzes Kätzchen springt sofort zu seiner Mutter. Die beiden anderen fangen an, munter im Heu zu spielen. Im Gegensatz zu ihrem Geschwisterchen sind sie schwarz-weiß-rot gescheckt. Wie kleine Wölkchen sehen die Flecken auf ihren Rücken aus. Soweit du weißt, nennt man solch dreifarbige Katzen auch „Glückskatzen“. Das eine Kätzchen hat ein schwarzes Dreieck über dem Auge, das an eine Piratenklappe denken lässt. Das andere hat ein fast weißes Gesicht mit einem dunklen Fleck zwischen den Augen. Es ist nun vom Podest geklettert und hat ein kleines Holzstück gefunden. Geschickt kickt es sein Spielzeug mit den Vorderpfoten hin und her. Die beiden anderen Kätzchen kommen dazu. Du lächelst. Spielen die Kätzchen etwa Fußball? Auch das Kind neben dir hat ein Grinsen im Gesicht. Dir wird plötzlich bewusst, wie sehr es dir vertrauen muss, wenn es dir sein Geheimnis zeigt. Es muss gespürt haben, dass auch du leise und achtsam sein wirst und dich unendlich freuen wirst, die Katzenfamilie zu beobachten.

Ein Maunzen lässt dich schließlich aufmerken, und dein Blick wandert zurück zu den Kätzchen. Mittlerweile hat eine recht wilde, aber spaßige Rauferei begonnen. Die zwei gefleckten Kätzchen balgen sich im Heu, kullern hin und her. Du siehst das weiße, weiche Fell an ihren Bäuchen und die samtigen, rosaroten Pfötchen, deren Krallen noch so zart sind, dass sie niemanden verletzen können. Das schwarze Kätzchen hat es jetzt auf seinen eigenen Schwanz abgesehen. Es versucht, ihn mit seinen Vorderpfoten zu fangen, und dreht sich dabei immer schneller im Kreis. Die Katzenmutter sieht dem lustigen Treiben noch eine Weile zu, dann geht sie zum Eingang des Verstecks und miaut. Als die Kätzchen munter weiterspielen, miaut sie ein zweites Mal. Hört sich das jetzt ein wenig strenger an? Scheinbar, denn zumindest das schwarze Katzenkind läuft gleich zu ihr hin und schmiegt sich an sie. Behutsam, die Augen zu schmalen Schlitzen geschlossen, beginnt die Katzenmutter es abzulecken. Und endlich hören auch die beiden anderen Kätzchen auf zu spielen und tapsen zu ihrer Mutter. Ein weiteres Maunzen, dann folgen sie ihr ins Versteck, eins nach dem anderen – erst das schwarze, als nächstes das mit dem Fleck um das Auge und als letztes das mit dem fast weißen Gesicht.

Du verharrst noch einen Augenblick reglos hinter der Schubkarre und lauschst auf das leise Rascheln im Heu, bis es ganz still ist. Vermutlich trinken die Kätzchen nun bei ihrer Mutter und ruhen sich danach von ihrem Ausflug aus. Es wird wohl eine Weile dauern, bis sie sich wieder nach draußen wagen. Langsam drehst du den Kopf zur Seite und schaust zum Kind. Ein kurzer Blickwechsel genügt. Es ist Zeit für den Rückweg. Gemeinsam steht ihr auf und streckt eure Beine nach dem langen Sitzen. Alles um dich herum ist ruhig und friedlich. Auch du spürst eine tiefe Ruhe in dir. Du atmest noch einmal ganz bewusst den Duft des Heus ein, schaust nach oben, wo das Sonnenlicht die Staubkörnchen funkeln lässt, und gehst ohne Eile nach draußen. Der Himmel ist jetzt wolkenlos und strahlt in einem leuchtenden Blau. Du blickst zu eurer Ferienwohnung. Das Fenster zur Küche steht offen. Sicher warten deine Eltern schon auf dich.

Du siehst das Kind an, und ihr verabschiedet euch mit einem Lächeln und einem Händegruß. Froh gehst du zum Haus, die kleine Treppe empor, durch die Haustür hinein zu eurer Wohnung. In deinem Kopf sind noch immer die Bilder von den spielenden Katzenkindern. Wie sorglos und ausgelassen sie herumgetollt sind! Obwohl für sie so vieles neu ist, hatten sie keine Angst. Du schlüpfst aus den Gummistiefeln und öffnest die Wohnungstür. Die Ferienwohnung ist dir mittlerweile vertraut. Du fühlst dich wohl dort. Es duftet nach deinem Lieblingsessen. Du hörst deine Eltern lachen. Wie gut es ist, hier zu sein! Du bist dir sicher, dass auch der restliche Tag noch wunderschön werden wird.

Der vierte Tag: Das Versteck

Heute ist schon dein vierter Urlaubstag. Ihr seid lange unterwegs gewesen. Euer Ausflug war schön. Aber nun bist du froh, wieder auf dem Ferienhof zu sein. Du hast etwas gegessen, dich ein wenig ausgeruht und freust dich jetzt darauf, nach draußen zu gehen. Es ist bereits spät am Nachmittag und die Sonne fällt schräg durch die Fenster eurer Wohnküche. Am Horizont bauschen sich hohe Wolkentürme auf. Am besten gehst du heute nicht mehr weit weg. Vielleicht bis zur Obstwiese?

Du sagst deinen Eltern Bescheid, ziehst deine Schuhe an, öffnest die Wohnungstür und läufst durch den Flur nach draußen. Am Hauseingang bleibst du stehen. Heute früh, bei eurer Abfahrt, hast du das Kind gesehen. Es hat seinen Eltern beim Tragen der Einkäufe geholfen. Jetzt ist der Hof leer. Du gehst die kleine Treppe hinunter und dann nach links, an der Scheune vorbei über den Feldweg.

Auf der Obstwiese bleibst du stehen. Erneut fällt dir auf, wie gut es hier riecht. Ganz tief atmest du durch die Nase ein und versuchst herauszufinden, was hier so wundervoll duftet. Sind es die Gräser, die vielen bunten Blumen oder die Kräuter? Ist es das Heu auf der benachbarten Wiese? Oder sind es die reifenden Früchte an den Bäumen? Vermutlich mischt sich alles zusammen zu dem Duft des Sommers auf dem Land. Langsam läufst du unter den Bäumen hindurch in die Wiese hinein. Die Blätter der Baumkronen spenden angenehmen Schatten. An manchen Stellen dringen Sonnenstrahlen durch das Blätterdach und zeichnen kleine, flirrende Lichtflecken auf den Boden. Du schaust dich um, ob du einen Baum entdeckst, der sich zum Klettern eignet. Tatsächlich, nur wenige Schritte entfernt steht ein stämmiger Apfelbaum mit niedrigen, stabilen Ästen. Rasch bist du dort. Du streckst deine Arme nach oben, umgreifst mit beiden Händen den untersten Ast und hebst die Füße vom Boden ab. Vorsichtig lässt du dich hin- und herbaumeln. Du spürst die Rinde und die schorfigen Flechten des Astes unter deinen Fingern. Als die Kraft in deinen Armen schwindet, lässt du dich einfach ins Gras plumpsen. Es fühlt sich gut an, auf dem warmen Boden zu sitzen, sich auszuruhen und die Umgebung zu betrachten.

Mit einem Mal fällt dir etwas auf. Nicht weit von dir wächst ein großer, prächtiger Holunderstrauch ganz dicht an einem Apfelbaum. Die Stämme der beiden Pflanzen berühren sich und scheinen an manchen Stellen miteinander verflochten zu sein. Einige Äste des Holunders haben sich zwischen den Zweigen des Apfelbaums hindurchgeschlängelt und ragen weit nach oben. Andere sprießen auf die Seite und hängen fast bis zum Boden. Astwerk und Blätter bilden zusammen ein schützendes Dach. Auf allen Vieren krabbelst du näher heran. Du entdeckst eine Lücke zwischen den herabhängenden Holunderzweigen. Man könnte meinen, dass das ein Höhleneingang ist. Neugierig schiebst du ein paar Zweige auseinander. Und tatsächlich, unter den Ästen des Strauchs befindet sich ein Hohlraum, der etwa so groß ist wie das Innere eines Zelts. Du schlängelst dich durch den Spalt hindurch und bist nun in einem Versteck, geformt aus Zweigen und Blättern. Es ist dunkler als draußen, aber es fällt genug Licht herein, um alles zu erkennen. Auf dem Boden wächst fast kein Gras. Die Erde ist trocken und fest. Um es sich gemütlich zu machen, müsste man das noch ändern. Da, wo der Holunderstamm an den Apfelbaum grenzt, ist eine Lücke in der Höhlenwand, die noch zugebaut werden müsste. Ein kleines Guckloch wäre auch nicht schlecht. Dann könnte man sehen, ob sich jemand der Höhle nähert. Du lauschst. Über dem nahen Acker singt eine Feldlerche, in den Hecken bei der Scheune tschilpen einige Spatzen. Eine Hummel fliegt brummend über die Wiese.

Auf dem Ferienhof scheint sich jemand lautstark zu unterhalten. Es klingt fröhlich und ausgelassen. Ist das Kind vielleicht auch dabei? Langsam robbst du aus deinem Versteck, stehst auf und klopfst den Staub von deinen Kleidern. Ja wirklich, bei der Scheune steht das Kind mit seiner Mutter. Es ruft ihr etwas zu, das wie eine Verabschiedung klingt und läuft zur Obstwiese, genau auf dich zu. Für einen kurzen Moment weißt du nicht, was du machen sollst. Weglaufen? Stehen bleiben? Oder schnell wieder verstecken? Aber warum eigentlich? Das Kind war immer freundlich zu dir und hat dir gestern sogar ein Geheimnis verraten. Wie wäre es, wenn du das jetzt auch tust? Bestimmt macht eine Höhle zu zweit mehr Spaß als allein.

Du gehst dem Kind einige Schritte entgegen. Es lächelt dich an. Du drehst dich um und zeigst auf den Holunderstrauch. Das Kind geht interessiert darauf zu und schaut dich fragend an. Vorsichtig schiebst du die Zweige am Eingang auf die Seite, damit man in dein Versteck sehen kann. Erstaunt hebt das Kind die Augenbrauen. Du gehst auf die Knie und kriechst in die Höhle. Mit einer kurzen Armbewegung lädst du das Kind ein, dir zu folgen. Die Höhle bietet genug Platz für euch beide. Als eure Blicke sich treffen, zeigt das Kind nach unten und streicht über den erdigen Boden. Es scheint die gleiche Idee wie du zu haben: Der Untergrund müsste etwas behaglicher gemacht werden. Ihr kriecht nacheinander aus dem Versteck und lauft zur nahen Wiese. Am Rand liegt ein wenig Heu. Das könnt ihr gut gebrauchen. Ihr nehmt euch jeder einen Arm voll und lauft zurück zum Versteck. Du schlüpfst durch den Eingang und breitest deine Ladung vor dir aus. Bei jeder Bewegung kitzeln dich die Halme an den Armen. Das getrocknete Gras riecht so gut, dass du für einen Moment deinen Kopf hineinsteckst und ganz tief einatmest. Du blickst nach draußen. Das Kind hat seine Ladung vor der Höhle abgelegt und ist schon wieder zur Wiese gelaufen, um mehr zu holen. Du nimmst das weiche, duftende Heu und bedeckst weiter den harten Boden damit. Auch die nächste Portion verteilst du unter dir und um dich herum. Erstaunt stellst du fest, wie schnell sich der Geruch in der Höhle verändert hat. Der Duft des Heus hat den Geruch der staubigen Erde fast vollständig überdeckt. Um dich herum wirkt nun alles viel heimeliger.

Das Kind hat mittlerweile genug Heu geholt, dass du damit noch zwei Sitzgelegenheiten bauen kannst. Du formst zwei große Haufen und drückst die Vorderseiten ein wenig platt. Schon sind die Sessel fertig. Als du den ersten Sessel ausprobierst, fühlt es sich an, als würdest du in eine weiche Wolke sinken. Der zweite Sessel ist genauso gemütlich. Alles bleibt stabil. Voller Tatendrang schaust du dich um. Als nächstes solltet ihr die Höhlenwände abdichten, damit man von außen nicht mehr hineinsehen kann. Du krabbelst aus dem Unterschlupf. Suchend wandert dein Blick über die Umgebung, und du entdeckst tatsächlich etwas. Nicht weit entfernt liegt ein Haufen mit Reisig, dicken Ästen und Stöcken. Du läufst hin und begutachtest, was ihr davon gebrauchen könnt. An einigen Ästen hängt noch Laub. Damit lassen sich gut die kleinen Zwischenräume in der Höhlenwand verschließen. Du winkst das Kind herbei. Zusammen nehmt ihr so viele Zweige, wie ihr tragen könnt, und geht damit zur Höhle. Du legst dein Bündel vor das Versteck. Diesmal bist du an der Reihe, das Baumaterial herbeizuschaffen. Das Kind beginnt mit dem Abdichten der Wände, steckt Ast für Ast in den Boden und in die Ritzen. Emsig läufst du immer wieder zum Reisighaufen und holst Äste, bis das Kind dir ein Zeichen gibt, dass es genug ist. Sein Daumen zeigt nach oben. Es ist geschafft, die Höhle ist fertig. Stolz betrachtet ihr euer Bauwerk. Nur wenn man ganz genau hinschaut, fällt auf, dass es kein gewöhnlicher Holunderstrauch neben einem Apfelbaum ist, sondern ein geheimer Bau, der durch Zweige und Blätter gut getarnt ist.

Das Kind darf zuerst hineinkriechen. Bevor du ihm folgst, nimmst du einen übrig gebliebenen Ast, an dem noch zahlreiche Blätter hängen. Das soll eure Haustür werden. Du krabbelst in die Höhle und verdeckst mit dem Ast von innen den Eingang. Stolz schaust du dich um. Die Höhle umgibt euch wie ein Nest oder der Kobel eines Eichhörnchens. Niemand kann euch von außen sehen. Aber wenn man mit der Hand vorsichtig ein paar Zweige auseinander schiebt, kann man nach draußen spähen. Vielleicht kannst du das nächste Mal dein Fernrohr mitnehmen. Dann könntet ihr beobachten, was auf dem Hof so vor sich geht. Du schaust zum Kind. Es sitzt in seinem Sessel. Du setzt dich in deinen. Dein Körper schmiegt sich in das Heu und ist nun wunderbar ruhig und entspannt. Gut habt ihr gearbeitet. Allein hättest du das kaum geschafft. Nun streckst auch du deinen Daumen nach oben. Das Kind lächelt. Still sitzt ihr jetzt da und lauscht auf die Geräusche um euch herum. Ein leichter Wind bringt die Blätter über euch zum Rauschen. Eine Elster krächzt und landet auf einem Baum in der Nähe. Vom Hof sind wieder Stimmen zu hören.

Allmählich wird dir bewusst, wie spät es schon sein muss. Es ist Zeit, zurück zum Ferienhof zu gehen. Auch das Kind scheint nach Hause zu wollen. Du betrachtest noch einmal alles, kriechst zum Ausgang, nimmst den dicken Zweig weg und schlängelst dich hinaus. Du wartest, bis auch das Kind draußen ist, und verschließt die Öffnung wieder.

Zusammen lauft ihr zurück, erst über die Wiese, danach auf dem Feldweg. Bevor die Scheune die Sicht verdeckt, drehst du dich noch einmal um. Es ist wirklich nicht zu erkennen, dass unter dem Apfelbaum ein geheimes Versteck ist. Schließlich geht ihr weiter, an der Scheune vorbei und auf den Hof. Du hebst deine Hand zum Abschiedsgruß. Das Kind tut es dir gleich. „Bis morgen!“, sagst du in deiner Sprache. Das Kind versteht bestimmt, was du meinst. Du wendest dich ab und gehst über die Treppenstufen zum Haus. Du spürst, wie euer Geheimnis in dir kribbelt. Du freust dich auf deine Eltern, aber heute wirst du ihnen vermutlich noch nichts von eurer Höhle erzählen.

Der fünfte Tag: Das Picknick

Heute ist dein fünfter Urlaubstag. Du bist sehr früh aufgewacht, hast noch eine Weile in deinem Bett gelegen, ein wenig gedöst und dem Gesang der Vögel gelauscht. Nun sind deine Augen geöffnet, und du schaust zu den Fenstern. Die weißen Gardinen hast du gestern Abend zugezogen, damit das frühe Morgenlicht deinen Schlaf nicht stört. Doch mittlerweile scheint die Sonne so kräftig, dass das Zimmer hell ist, und dich nichts mehr im Bett hält. Du setzt dich auf, streckst und dehnst Arme und Oberkörper und stehst schließlich auf.

Leise schleichst du dich aus dem Zimmer. Deine Eltern waren gestern Abend lange wach und wollen sicherlich noch ein wenig schlafen. Du gehst zum Kühlschrank und öffnest ihn. Hungrig bist du noch nicht, aber durstig. Vorsichtig nimmst du ein frisches Glas aus dem Regal und schenkst dir etwas zu trinken ein. Kalt und erfrischend fühlt sich das Getränk in deinem Mund an. Wenn du ganz aufmerksam bist, spürst du bei jedem Schluck, wie die Flüssigkeit durch deine Kehle nach unten rinnt. Du nimmst noch einen Schluck, dann noch einen. Fit und unternehmungslustig fühlst du dich jetzt. Was könntest du so früh am Morgen nur machen?

Du gehst zum Küchenfenster und schaust hinaus. Alles scheint ruhig. Nein, die Katzenmutter ist auch schon wach. Sie scheint hungrig zu sein und streicht mit ihrem Körper immer wieder um die Bank vor dem gegenüberliegenden Haus, da wo das Kind wohnt. Und noch jemand ist wach. Die Tür öffnet sich, und das Kind kommt heraus – schon angezogen in Jeans und Jacke. Auch seine Mutter geht nach draußen, in der Hand ein Schälchen mit Katzenfutter. Vorsichtig klopfst du gegen die Fensterscheibe. Das Kind blickt sofort zu dir hoch, winkt und wendet sich seiner Mutter zu. Auch sie schaut jetzt zu dir, dabei lacht sie freundlich. Das Kind schlüpft halb aus seiner Jacke, zieht sie wieder an und zeigt erst auf dich, danach wieder auf die Jacke. Schnell verstehst du: Du sollst dich anziehen und nach draußen kommen. Was das Kind wohl vorhat? Du nickst, um zu zeigen, dass du verstanden hast. Nun geht das Kind wieder mit seiner Mutter ins Haus. Die Tür lassen sie dabei offen. Fast lautlos schleichst du in dein Zimmer und ziehst dich an. Aus dem Schlafzimmer deiner Eltern hörst du ein leises Rascheln. Sind sie schon wach? Leise klopfst du an ihre Tür und öffnest sie. Im Gegensatz zu dir sehen deine Eltern noch ganz verschlafen aus. Sie scheinen etwas erstaunt zu sein über deine Bitte, nach draußen gehen zu dürfen. Aber du erklärst alles und versprichst, in einer Stunde wieder da zu sein.

Du läufst zur Garderobe, holst deine Jacke und ziehst sie an. Noch den Reißverschluss zumachen und in die Schuhe schlüpfen, dann kann es losgehen. Der Schlüssel steckt im Schloss. Du drehst ihn um, es knackt zweimal, und die Wohnungstür lässt sich öffnen. Du gehst in den noch dämmrigen Flur und durch die Haustür nach draußen. Am Ende der kleinen Treppe bleibst du stehen. Aus dem Haus des Kindes dringen Geräusche zu dir herüber. Es klappert einige Male, als würde irgendetwas umgeräumt oder beladen werden. Dann ist ein Lachen zu hören und die Stimme des Kindes. Es scheint sich von seiner Mutter zu verabschieden. Gespannt wartest du, was passiert. Es rumpelt erneut, und eine Seitentür geht auf. Das Kind tritt heraus. Es schaut nach hinten, denn es zieht etwas Großes hinter sich her. Du erkennst schnell, was es ist: ein Bollerwagen, also ein Handwagen aus Holz. Neugierig näherst du dich. Das Kind zeigt auf den Wagen und strahlt. Er ist mit einer kompletten Picknickausrüstung beladen. Du siehst eine Decke, einen Karton mit Tellern, Tassen und Besteck sowie einen Korb mit einer Brötchentüte, Getränken, Honig, Marmelade, Obst und einigen anderen Dingen, die du nicht richtig erkennen kannst.

Zielstrebig zieht das Kind den Wagen über den Hof in Richtung der Obstwiese. Mit ein wenig Abstand folgst du ihm. Als der Weg sehr uneben wird, und der Wagen immer schwerer zu ziehen, läufst du nach vorn, ergreifst die andere Seite des Griffs und hilfst mit. Zu zweit geht es viel leichter. Ihr müsst aufpassen, dass bei dem Gewackel nichts von eurer Ladung herunterfällt. Zuerst lauft ihr noch etwas holprig, aber nach kurzer Zeit passen sich eure Schritte an und finden einen gemeinsamen Rhythmus: rechtes Bein, linkes Bein, rechtes Bein und linkes Bein. Kommt einer aus dem Takt, wartet der andere kurz, bis ihr wieder in Einklang seid. Auf der Wiese müsst ihr besonders gut aufpassen, denn hier gibt es viele Unebenheiten, kleine Maulwurfshügel und auch Mauselöcher. Das Gras ist vom Morgentau noch nass. Deine Schuhe verfärben sich durch die Feuchtigkeit dunkel.

Du schaust zu eurem Versteck. Auch als ihr näherkommt, ist von außen kaum zu erkennen, dass sich dort ein geheimes Lager befindet. Unter dem Baum haltet ihr an. Den Bollerwagen mit den Picknicksachen schiebt ihr vor den Eingang. Das Kind entfernt den großen Zweig von der Öffnung, nimmt sich die Decke und schlüpft damit in euer Versteck. Du schaust hinein und siehst, wie es die Decke auf dem Boden ausbreitet. Auch eure Sessel aus Heu sind nun mit dem weichen Stoff bedeckt. Du packst den Karton mit dem Geschirr und reichst ihn dem Kind. Danach ist der Korb mit dem Essen und den Getränken dran. Als alles ausgeladen ist, kriechst auch du in die Höhle. Du machst es dir in deinem Sessel gemütlich.

Das Kind schenkt dir etwas aus der Thermoskanne in deine Tasse ein. Du umfasst die Tasse mit beiden Händen und spürst, wie deine Finger sich daran erwärmen. Mit geschlossenen Augen hebst du das Getränk an deine Nase und schnupperst. Gut riecht das. Der heiße Dampf treibt dir ins Gesicht und lässt dich die Augen wieder öffnen. Du führst die Tasse an den Mund und trinkst. Mit jedem Schluck breitet sich die Wärme des Getränks in dir aus. Wie angenehm sich das trotz des milden Sommermorgens anfühlt. Du stellst die Tasse vor dir ab und nimmst dir ein Brötchen. Vorsichtig drückst du mit dem Daumen darauf. Es hat eine feste, knusprige Kruste, aber plötzlich macht es „Knack“. Dein Daumen hat ein Loch in die Kruste gebohrt und berührt nun das weiche, helle Innere. Ihr kichert. Du pulst ein bisschen von der Brötchenkrume heraus und steckst sie dir in den Mund. Mit dem Messer schneidest du das Brötchen auf, dann bestreichst du es mit allem, was dir schmeckt. Auch das Obst ist heute besonders süß. Ihr esst und esst, bis ihr endlich satt seid, und eure Teller ratzeputz leer sind. Die wenigen Sachen, die noch übrig sind, räumt ihr zusammen mit eurem Geschirr in den Korb. Für einen Moment sitzt ihr einfach da und genießt das wohlige Gefühl, satt und zufrieden zu sein. Du spürst, wie sich eine tiefe Ruhe in dir ausbreitet. Alles in dir und um dich herum fühlt sich genau richtig an.

Doch dann ist es Zeit, wieder einmal einen Blick nach draußen zu werfen. Vorsichtig schiebst du ein paar Blätter zur Seite und schaust zum Hof. Jemand läuft zur Scheune, kommt mit einem Eimer zurück und verschwindet wieder. Am Himmel segeln die Schwalben und jagen nach Mücken. Einige lassen sich auf den Stromleitungen nieder. Nicht weit von dir hüpft eine Amsel auf der Suche nach Würmern über die Obstwiese. Und noch etwas sitzt auf der Wiese, geduckt und im Gras schwer erkennbar. Ist das die Katzenmutter? Du machst dem Kind ein Zeichen und lässt es durch deinen Ausguck schauen. Es ruft den Namen der Katze und versucht sie anzulocken. Die Katze blickt kurz auf, schaut sich um. Nun stimmst auch du in den Lockruf ein. Rasch hat die Katze euch entdeckt und läuft durch das Gras zum Versteck. Das Kind kriecht hinaus. Du reichst ihm den Korb, den Karton und die Decke und folgst ihm. Die Katze hat damit begonnen, dem Kind sanft um die Beine zu streichen. Aber als du sie anlockst, kommt sie zu dir. Schnurrend schmiegt sie sich an dich und schaut erwartungsvoll zu dir hoch. „Na, meine Kleine, du hast wohl vorhin zu wenig gefrühstückt und auch noch keine Mäuse gefangen. Komm mit zum Haus, da gibt es bestimmt etwas Leckeres für dich.“

Das Kind hat in der Zwischenzeit den Bollerwagen mit allen Sachen beladen und ist bereit für den Rückweg. Sorgsam verschließt du den Eingang eurer Höhle und gehst zum Kind. Zusammen umfasst ihr den Griff des Wagens und geht zurück zum Hof, die Katze immer hinterher. Sie scheint tatsächlich hungrig zu sein. Als ihr den Hof betretet, springt sie sofort zu ihrem Trog, wo schon frisches Futter auf sie wartet. Das Kind stellt den Bollerwagen vor dem Hauseingang ab und nimmt den Korb heraus. Ihr schaut euch an, lächelt. Du hebst die Hand zum Abschiedsgruß: „Bis später vielleicht oder bis morgen!" Das Kind antwortet in seiner Sprache. Du hast die Worte schon einmal gehört. „Tschüs" heißen sie oder „bis bald".

Die Worte klingen dir noch im Ohr, als du dich umdrehst und zu eurer Ferienwohnung zurückläufst. Ein wenig hast du von der unbekannten Sprache schon gelernt. Mal schauen, ob deine Eltern sie verstehen. Du gehst die drei Stufen der Steintreppe hoch, ins Haus mit eurer Ferienwohnung hinein und öffnest die Wohnungstür. Deine Eltern sitzen am Tisch und frühstücken. Ob du auch etwas essen willst, fragen sie. „Später vielleicht, jetzt nicht." Denn gerade in diesem Moment fühlst du dich genau richtig: satt, zufrieden und vollkommen glücklich. Wenn du eine Katze wärst, würdest du vermutlich schnurren.

Der sechste Tag: Der Regen

Heute ist dein vorletzter Tag auf dem Ferienhof. Morgen Abend fahrt ihr wieder nach Hause. Es ist bereits Nachmittag und einer der heißesten Tage in diesem Sommer. Du bist in deinem Ferienzimmer. Ein Fenster steht offen. Endlich ist ein leichter Wind aufgekommen. Du lehnst dich auf die Fensterbank und schließt die Augen. Du spürst, wie der Wind über deine nackten Arme und dein Gesicht streicht und dich ein wenig abkühlt. Nach einer Weile öffnest du die Augen wieder. Vor dir hockt eine Fliege auf dem Fensterbrett. Der Wind bewegt ihre zarten, durchsichtigen Flügel, doch ihr schwarzer Körper bleibt regungslos sitzen. Auch die Fliege wirkt träge angesichts der Hitze. Selbst als du deine Hand hin- und herbewegst, lässt sie sich nicht vertreiben.

Du schaust nach draußen. Inzwischen hat sich der Himmel verdunkelt. Riesige, graue Wolkengebilde türmen sich am Horizont auf. Wahrscheinlich wird es bald regnen oder ein Gewitter geben. Die Schwalben fliegen ganz nah am Boden, steigen wieder auf und sausen dann im Sturzflug über den Hof und an deinem Fenster vorbei. Ansonsten scheint alles wie erstarrt. Keine Motorengeräusche, keine Stimmen, kein Scharren oder Rumpeln. Nur selten ist ein kurzes Vogelzwitschern zu hören.

Vor der Haustür gegenüber liegt die Katzenmutter. Sie hat sich zusammengerollt und den Kopf in ihrem Fell vergraben. Ab und an zuckt sie mit ihren Ohren, doch abgesehen davon liegt sie reglos und müde da. Die Luft um dich herum erscheint dir schwer und drückend. Auch du hast gar keine Lust, dich zu bewegen oder herumzutoben. Der Nachmittag ist genau richtig, um ein wenig faul zu sein und nichts zu tun. Nur schauen, lauschen und ein wenig vor dich hinträumen möchtest du.

Der Himmel ist mittlerweile so dunkel, dass die Welt fast abendlich erscheint. Du spürst, wie sich die Stimmung um dich herum langsam verändert. Der Wind wird stärker. Die Schwalben fliegen noch eine letzte Runde, dann ziehen sie sich unter die Hausdächer zurück – dorthin, wo ihre Nester sind. Du streckst einen Arm aus dem Fenster und mit einem Mal spürst du es: Die ersten Regentropfen fallen. Dick und kühl klatschen sie auf deine Haut. Auf dem Hof zeichnet der Regen dunkle Punkte auf das Pflaster. Bald ist der ganze Boden nass und auch der Geruch um dich herum hat sich gewandelt. Er ist schwer zu beschreiben, denn nur Regen nach langer Trockenheit lässt die Welt so duften. Nach und nach wird der Regen dichter und ist schließlich so stark, dass keine Tropfen mehr zu erkennen sind. Wie lange Schnüre sieht er jetzt aus – Wasserschnüre, die vom Himmel bis auf die Erde reichen. Sogar das Fensterbrett und der Zimmerboden vor dir werden nass. Besser, du schließt das Fenster. Gerade willst du zurück zu deinem Bett, da siehst du, wie die Haustür gegenüber geöffnet wird, und das Kind herauskommt. Es hat dich schon entdeckt und winkt dir zu. Barfuß, nur in T-Shirt und kurzer Hose, tritt es auf den Hof. Es streckt beide Arme aus und lässt den Regen auf sich prasseln. Wieder winkt es dir zu. „Komm auch heraus!“, scheint es zu sagen. Sofort weißt du, was zu tun ist: Raus in den Regen gehen und dich endlich abkühlen lassen. Du läufst zu deinen Eltern, fragst nach. Sie lächeln. Alles klar, du darfst rausgehen.

Wie das Kind, ohne Schuhe und nur in deinen Sommerklamotten, rennst du aus der Wohnung und durch die Haustür über die kleine Treppe hinunter in den Hof. Sofort klatscht dir der Regen ins Gesicht, auf die Haare, die Schultern, die Arme und den ganzen Körper. Auf dem Boden haben sich große Pfützen gebildet. Die Tropfen springen wild darin herum. Keine Frage, was zu machen ist. Auch du hüpfst hinein, mitten in die Pfützen, sodass ein großer Wasserschwall aufspritzt. Egal, du bist ohnehin schon klatschnass. Vom Regenwasser klebt dein T-Shirt auf deiner Haut. Deine Hose hat sich voll Wasser gesogen und haftet an deinen Hüften. Das Kind kommt zu dir. Es lacht und nimmt deine Hand. Gemeinsam hüpft ihr jetzt von Pfütze zu Pfütze. Das Wasser, das dabei nach oben spritzt, prickelt auf deiner Haut. Um dich herum scheint alles nur noch aus Nässe zu bestehen. In der Welt über dir, unter dir und um dich herum gibt es offenbar nichts außer Wasser – Wasser, das dich nach diesem heißen Tag so wunderbar abkühlt und erfrischt. Die Trägheit, die du noch vor wenigen Minuten verspürt hast, ist völlig verschwunden. Du spürst eine neue Kraft in dir, die deinen gesamten Körper durchdringt. Dein Herz schlägt kräftig. Deine Arme, deine Beine, dein ganzer Körper ... einfach alles fühlt sich lebendig an und genießt die Bewegung. Deine Haare sind völlig durchnässt. Aus den Haarsträhnen tropft Wasser und rinnt dir über das Gesicht.

Du lässt das Kind los, bleibst stehen und schließt die Augen. Du hörst das Prasseln des Regens und das Platschen des Wassers, wenn das Kind in eine Pfütze springt. Ganz ruhig stehst du jetzt da und lauschst. Mit der Zeit verändert sich das Geräusch des Regens und das Prasseln und Klatschen geht in ein gleichmäßiges Rauschen über. Du öffnest deine Augen wieder und schüttelst den Kopf hin und her, sodass die Wassertropfen aus deinen Haaren in alle Richtungen spritzen. Noch etwas versonnen schaust du dich um. Der Regenvorhang hat sich gelichtet. Wie durch Zauberhand hat sich der Schleier aus Wasser um dich herum verzogen, und die Dinge in deiner Umgebung sind wieder klar zu sehen. Da ist das Kind, das mit beiden Händen sein nasses T-Shirt auszuwringen versucht. Da ist das Fenster deines Ferienzimmers. Da ist das Haus, in dem das Kind wohnt. So schnell wie der Regen gekommen ist, so schnell hat er aufgehört. Es ist nun angenehm kühl und du fröstelst sogar ein wenig. Du hörst das Klacken einer Tür und siehst, wie eine Gestalt in Regenkleidung aus dem Haus kommt, zum Himmel schaut und sich die Kapuze vom Kopf streift. Es ist die Mutter des Kindes mit zwei großen Handtüchern über dem

Arm. Sie geht erst zum Kind und legt ihm eines um die Schultern, dann zu dir und gibt dir das andere. Das Handtuch ist groß und weich. Du kuschelst dich hinein und bist dankbar für die Wärme, die dich umfängt. Ein wohliges Gefühl breitet sich in dir aus. Auch das Kind scheint nun genug vom Herumtollen zu haben. Seine Lippen bibbern ein wenig, und es zieht die Schultern hoch, als ob es friert. Ein kurzer Blick, ein kleines Lächeln, ein leises „Tschüs" – mehr braucht ihr nicht, um euch zu verstehen. Glücklich drehst du dich um und läufst zum Haus mit eurer Ferienwohnung. Das Handtuch ist wie ein Mantel, der deinen Körper schützend umhüllt. Du fühlst dich wohl und geborgen.

Langsam steigst du die Treppenstufen hinauf und gehst zur Haustür. Unter dem Hausdach ist der Boden vom Regen geschützt und noch nicht abgekühlt. Du bleibst kurz stehen und spürst, wie angenehm warm deine Füße werden. Auch im Flur hat sich die sommerliche Wärme trotz des kühlen Regengusses gehalten. Was dir vor wenigen Minuten noch überhitzt vorkam, fühlt sich jetzt behaglich an. Nach deiner Erfrischung im Regen geht es dir richtig gut. Gleich wirst du dir trockene Kleider anziehen, dann kann es weitergehen mit dem faulen Nachmittag auf deinem gemütlichen Bett. Vielleicht kannst du auch ein wenig am Fenster sitzen und beobachten, was draußen passiert. Du könntest etwas Warmes dabei trinken oder ein paar Kekse essen. Langweilig wird dir heute bestimmt nicht mehr.

Der siebte Tag: Der Abschied in Freundschaft

Heute ist dein letzter Tag auf dem Ferienhof. Am Abend werdet ihr euren Heimweg antreten. Ihr fahrt nachts, damit du während der Reise schlafen kannst. Obwohl du schon vor Sonnenaufgang aufgewacht bist, fühlst du dich nicht müde. Du liegst ganz still in deinem Bett und träumst ein wenig vor dich hin. Gestern hast du nach dem Regenguss ein Fenster offenstehen lassen, und die frische Nachtluft hat dein Zimmer angenehm abgekühlt. Von draußen dringen Vogelstimmen zu dir herein. Schon vor der Morgendämmerung war das aufgeregte und heisere Zwitschern eines Hausrotschwanzes zu hören. Er scheint sein Nest unter dem Hausdach zu haben. Dann hat ein Rotkehlchen mit seinem Lied begonnen, und schließlich hat eine Amsel eingestimmt. Mit ihrem melodischen Gesang hat sie die anderen beinahe übertönt. Mittlerweile singen so viele Vögel mit, dass ihre Stimmen kaum zu unterscheiden sind.

Leise schlüpfst du nun unter deiner Decke hervor und steigst aus dem Bett. Vorsichtig, um niemanden durch das Knarren der Holzdielen zu wecken, schleichst du mit nackten Füßen zum geöffneten Fenster. Du schiebst die Gardinen ein wenig zur Seite und schaust hinaus. Die Amsel sitzt auf der äußersten Spitze des Scheunendachs. Sie hat sich für ihr Morgenlied die höchste Stelle ausgesucht, als wolle sie von allen gehört und gesehen werden. Du kennst den Gesang von Amseln, aber noch nie hast du einem ihrer Lieder so aufmerksam gelauscht wie jetzt. Die Melodie klingt wie ein sehnsüchtiger Wunsch, den die Amsel in die Welt hinaus tiriliert – so als könne etwas Schönes in weiter Ferne noch viel schöner werden. Sie klingt glücklich und traurig zugleich. Auch du kennst solche Gefühle. Gerade jetzt bist du ein wenig traurig, weil du bald wieder wegfahren musst, freust dich aber auch schon auf dein Zuhause. Du bist froh, dass du dich hier mit dem Kind angefreundet hast, und ihr zusammen so viele schöne Dinge erlebt habt. Zugleich ist dein Herz schwer, weil ihr euch heute wieder verabschieden müsst. Am besten nimmst du all die schönen Erlebnisse, die Freundschaft und das Glück, das du hier erlebt hast, und bewahrst sie sicher in deinem Inneren auf – wie in einer Schatzkiste. Du weißt, egal was ist und kommt, alles Gute von hier ist in deinem Gedächtnis gespeichert und wird nie verloren gehen. Egal wo du bist, du kannst deine innere Schatztruhe öffnen und all die Dinge und Erinnerungen betrachten. Sie sind ein Teil von dir geworden und niemand kann sie dir nehmen.

Ein kühler Wind streicht über deine Arme und holt dich aus deinen Gedanken zurück. Aufmerksam blickst du über alles, was vor dir liegt. Links ist die Scheune und daneben der Feldweg, der zur Obstwiese führt. Dahinter versteckt ist die kleine Senke mit dem Bach, an dem ihr gespielt habt. Neben dem Haus mit eurer Ferienwohnung ist der Brunnen. Auch er ist nicht zu sehen, aber wenn du deine Ohren spitzt, kannst du sein leises Plätschern hören. Gegenüber von deinem Fenster steht das Haus, in dem das Kind wohnt. Es ist in ein geheimnisvolles Licht gehüllt, denn die Sonne ist mittlerweile aufgegangen und der Himmel hinter dem Haus leuchtet glühend rot.

Bis auf die Vögel scheint alles noch zu schlafen. Ist denn niemand außer dir wach? Dein Blick gleitet über den Hof bis zum Scheunentor. Ein paar Spatzen hüpfen dort herum und picken nach Getreidekörnern, doch wie auf ein unsichtbares Zeichen fliegen sie gleichzeitig los und verteilen sich in alle Richtungen. Was mag sie nur erschreckt haben? Im Halbdunkel der Scheune scheint sich etwas zu bewegen. Was kann das sein? Gespannt betrachtest du die Stelle. Du bist dir ziemlich sicher, dass du etwas gesehen hast. Wie ein kleiner dunkler Schatten ist es vorübergeglitten. Vielleicht ein Tier? Könnte es vielleicht ...? Tatsächlich, jetzt kannst du es erkennen: Es ist die Katzenmutter. Sie kommt heraus, läuft ein paar Schritte und dreht sich wieder um. Wonach sie schaut, wird dir rasch klar. Die drei Kätzchen tauchen aus dem Dunkel auf. Leicht geduckt und schnuppernd nähern sie sich zögernd dem Scheunentor. Sie scheinen unsicher zu sein, ob sie ihre Erkundungstour draußen fortsetzen sollen. Für einen Moment bleiben sie stehen.

Wie bei eurer ersten Begegnung wagt sich das schwarze Kätzchen zuerst heraus. Es scheint das mutigste zu sein. In lustigen Sprüngen rennt es zu seiner Mutter, beschnüffelt seine Umgebung und blickt sich um. Seine Geschwister folgen ihm jetzt, auch sie wachsam und neugierig zugleich. Vermutlich ist das heute ihr erster größerer Ausflug. In dem Schälchen vor dem Haus scheinen noch Wasser und Futter zu sein, denn die Katzenkinder machen es ihrer Mutter nach und stecken ihre Köpfe in die beiden Tröge. Immer wieder blicken sie auf. Allzu hungrig können sie nicht sein, denn schon nach kurzer Zeit siegt ihre Neugierde. Sie hören auf zu fressen und untersuchen alles, was sie finden. Das schwarze Kätzchen schnuppert an den Blumen und stupst mit seinen Pfötchen immer wieder gegen ein Blatt, sodass es lustig hin und her wippt. Ein gescheckte Katzenkind versteckt sich zwischen den Blumentöpfen, springt plötzlich wieder hervor und stürzt sich auf sein Geschwisterchen. Eine kurze Rauferei beginnt. Doch bevor sich jemand weh tut, gehen sie auseinander. Sie hüpfen herum, bringen mit ihren Pfoten Steinchen zum Rollen und jagen hinterher. Das Spielen und Erkunden geht noch eine Weile weiter, bis die Katzenmutter schließlich genug gefressen hat. Ein kurzes Miauen von ihr genügt, dann geht es zurück zur Scheune. Brav folgen alle Katzenkinder. Allein scheinen sie sich noch nicht wohlzufühlen auf dem großen Hof.

Die Morgensonne ist mittlerweile höher gewandert und scheint dir nun über das Hausdach hinweg hell ins Gesicht. Ein leises Geräusch im Nebenzimmer lässt dich aufhorchen. Auch deine Eltern sind mittlerweile wach. Du hörst ein leises Klopfen, kurz darauf öffnet sich die Tür. Deine Mutter kommt herein, noch ein bisschen verschlafen, aber lächelnd. Sie hält einen Brief in der Hand. Er ist vom Kind. Deine Mutter wollte ihn dir gestern Abend schon geben, hatte es dann aber vergessen. Du öffnest ihn. Zwei Zettel sind darin. Auf einem ist eine große Sonne zu sehen. In die Sonne ist das Ziffernblatt einer Uhr gezeichnet. Die Zeiger stehen auf zehn Uhr. Unter der Sonne ist ein Baum gemalt, daneben etwas, das wie ein Busch aussieht, geschmückt mit Zweigen und Blättern. Ein blauer, dicker Pfeil zeigt auf den Busch. Du schmunzelst über die geheime Botschaft. Um zehn Uhr trefft ihr euch also bei eurem Versteck.

Du faltest den zweiten Zettel auf. Darauf sind vier Katzen gemalt, eine große in der Mitte und drei kleine um sie herum. Eines der Kätzchen hat ein rot-weiß-schwarzes Fell und um das Auge herum einen schwarzen Fleck, der einer Piratenklappe ähnelt. Wieder ist ein Pfeil gemalt. Diesmal zeigt er auf dieses Kätzchen. Hinter dem Pfeil steht etwas in schönen, gleichmäßigen Buchstaben geschrieben. Erstaunt stellst du fest, dass da dein Name steht. Soll das etwa heißen, dass das Kätzchen jetzt deinen Namen trägt? Du zeigst den Zettel deiner Mutter. Sie schmunzelt. Ja, bestätigt sie. Das Kind hat das Kätzchen nach dir benannt. Seine Mutter hat es ihr gestern erzählt. Ein Glücksgefühl durchströmt deinen Körper. Du bist nun der Namenspate eines Kätzchens – eines Kätzchens, das zwar weit weg von dir wohnt, das du aber in den Ferien besuchen kannst. Vielleicht kann dir das Kind gelegentlich Fotos schicken, damit du siehst, wie es wächst.

Du rennst durch die Wohnung, voller Freude über das, was du eben erfahren hast. Bestimmt könnt ihr heute noch einmal in die Scheune gehen, und du kannst versuchen, das Kätzchen ein wenig zu zähmen. Es könnte sein, dass es sich sogar streicheln lässt. Und am Nachmittag könnt ihr zum Bach laufen und euren Staudamm überprüfen. Ein langer neuer Tag liegt vor dir. Die Sonne scheint. Alles fühlt sich richtig an. Nichts stört. Dir geht es gut. Du fühlst dich leicht und froh. Auch wenn du heute Abend wegfahren musst, der Hof bleibt, das Kind bleibt, eure Freundschaft bleibt, und die schönen Erinnerungen bleiben. Und wenn es hier ein Kätzchen mit deinem Namen gibt, bleibt ein Stück von dir hier. Sicher kommt ihr bald wieder her.

Du überlegst. Bis zehn Uhr hast du noch reichlich Zeit. Du könntest dem Kind einen geheimen Brief schreiben oder malen. So hätte jeder eine Erinnerung an den anderen. Ideen dafür hast du genug. Doch jetzt musst du dich erst einmal stärken. Am besten hilfst du gleich beim Decken des Frühstückstischs und packst deine Sachen für die Heimfahrt, bevor du nach draußen gehst. Du könntest auch ein paar Fotos von deinen Lieblingsorten machen. Eines ist auf jeden Fall klar: Du willst heute noch einmal jeden einzelnen Moment auf dem Ferienhof genießen. Am besten fängst du sofort damit an.

Ferien im Herbst

Der erste Tag: Die Erkundung des Hofs

Heute ist der erste Tag deiner Herbstferien. Deine Eltern haben frei, und ihr macht einen Kurzurlaub auf einem Ferienhof. Schon am frühen Morgen seid ihr aufgebrochen. Du warst noch etwas müde und hast im Auto gedöst. Während der Fahrt hast du immer wieder kurz deine Augen geöffnet und die vorbeiziehende Landschaft betrachtet. Ihr seid an bunten Herbstwäldern vorbeigefahren, an Wiesen und frisch gepflügten Äckern, an kleinen Teichen und an einem See. Schließlich habt ihr die großen Straßen verlassen und euren Weg auf einer schmalen Landstraße fortgesetzt, bis ihr endlich an eurem Urlaubsort angekommen seid. Allzu lange wart ihr nicht unterwegs, aber da, wo du nun bist, sieht alles anders aus als da, wo du herkommst. Der Ferienhof liegt auf einem Hügel, mitten in der Natur. Außer einer Zufahrt gibt es weit und breit keine Straßen.

Du bist nun in eurer Ferienwohnung, die sich in einem großen Haus nur für Urlaubsgäste befindet. Die Wohnung ist kleiner als euer Zuhause, aber gemütlich eingerichtet, und du hast sogar ein eigenes Zimmer. Gerade bist du dabei, ein paar deiner Sachen auszupacken und im Zimmer aufzustellen. Du schaust dich um. Sofort sieht alles viel vertrauter aus. Nun gehst du in den Wohnraum, der nicht nur ein bequemes Sofa hat, sondern auch eine Küchenzeile und einen Esstisch mit mehreren Stühlen. Links sind zwei Fenster, durch die du in den Hof schauen kannst. Rechts ist eine große Glaswand. In deren Mitte ist eine Tür, über die man nach draußen auf einen Balkon gelangt. Von diesem Balkon aus führt eine Holztreppe nach unten in den Garten.

Du gehst jetzt zur Glastür und schaust hinaus. Die Nachmittagssonne scheint zu dir herein und wärmt dein Gesicht angenehm. Alles ist still. Ein kurzer Blick auf die Uhr zeigt dir, dass du noch genug Zeit hast, um dir ein wenig die neue Umgebung anzusehen.

Du drehst dich um und läufst zu deinen Eltern, die mit Auspacken und Einräumen beschäftigt sind. Ja, du darfst nach draußen gehen und den Hof erkunden.

Du ziehst deine Jacke an, schlüpfst in deine Schuhe, öffnest die Glastür und trittst auf den Balkon. In der Ecke stehen ein Klapptisch und mehrere Stühle. Bei schönem Wetter kann man hier bestimmt gemütlich draußen sitzen. Du stützt deine Arme auf das Balkongeländer und schaust dich um. Vor dir liegt eine große Wiese mit einem Grillplatz und einem Sandkasten. Von dort führt ein schmaler Feldweg bis zu einem Wald. Links endet die Wiese bei einigen großen Bäumen. Du erkennst einen Nussbaum, Apfelbäume und auch eine Kiefer. Die Blätter der Laubbäume haben sich bereits verfärbt und leuchten bunt in der tiefstehenden Herbstsonne. Zwischen den Bäumen befindet sich ein kleines Holzhaus mit einer Dachterrasse. An der Wand ist eine Leiter zum Hinaufklettern befestigt. Als ihr angekommen seid, haben hier Kinder gespielt. Bestimmt darfst auch du dich dort aufhalten. Neben dem Holzhaus blühen noch ein paar späte Sonnenblumen, auf der Wiese davor unzählige lilafarbene Herbstzeitlose.

Jetzt wandert dein Blick nach rechts, auf die andere Seite der Wiese. Dort scheinen Viehweiden zu sein, denn ab und an hörst du aus dieser Richtung das Blöken von Schafen. Du überlegst, was du nun machen sollst. Da es bald dämmern wird, ist es besser, in der Nähe zu bleiben. Du gehst also die Holztreppe hinunter und läufst nach links zum Hof. Interessiert guckst du dich um. Bis auf die Zufahrt bist du von Gebäuden umringt. Da stehen das Wohnhaus eurer Gastgeber, das Haus mit den Ferienwohnungen und auch ein Stall mit staubigen Klappfenstern. Die Stalltür ist einen Spaltbreit offen. Neugierig gehst du hin und spähst hinein. Es duftet nach Stroh und ein wenig nach Tieren. Im Inneren des halbdunklen Raums befinden sich mehrere Kaninchenställe. Aber nichts scheint sich darin zu regen. So sehr du dich auch bemühst, von draußen kannst du kein einziges Tier erkennen. Etwas enttäuscht drehst du dich um. Gibt es hier gar keine Kaninchen mehr?

Dein Blick schweift über den Hof. Wo die Wiese beginnt, ist ein Stück Fläche von einem Zaun umgeben. Wie merkwürdig! Beim Herlaufen ist dir das gar nicht aufgefallen. Hinter dem Zaun ist eine kleine Landschaft nachgebaut. Mehrere graue Steinbrocken bilden ein Felsengebirge. Ein niedriger Trog mit Wasser sieht aus wie ein winziger See. Grasbüschel und Gestrüpp erinnern an ein Wäldchen. In der Mitte steht ein fensterloses Häuschen mit zwei halbrunden Eingängen. Du überlegst, was das sein könnte. Ein Unterschlupf für Tiere vielleicht? Da! Hat sich bei den Felsen nicht etwas bewegt? Fast lautlos näherst du dich dem Zaun. Du wünschst dir so sehr, dass da Kaninchen sind.

Und diesmal wird dir dein Wunsch erfüllt. Du entdeckst erst eines, dann noch eines und schließlich immer mehr. Aufmerksam zählst du: eins, zwei, drei, vier, fünf, sechs, sieben, acht, neun. Neun Stück! Mehr als du dir erhofft hattest. Es gibt Kaninchen unterschiedlichster Arten – kleine und große, solche mit kurzen und solche mit langen Haaren, schwarze, braune und gescheckte. Sogar ein ganz weißes ist dabei. Langsam, um keines zu erschrecken, trittst du näher.

Zwei gescheckte Kaninchen haben es sich unweit vom Zaun gemütlich gemacht und knabbern an etwas. Eines schaut dich furchtlos an und schnüffelt ein wenig mit seinem Näschen. Niedlich sieht es aus mit seinen hängenden, langen Ohren – das eine Ohr fast weiß, das andere ganz schwarz. Es hoppelt noch dichter an den Zaun heran und hebt seine Vorderpfoten. Du streckst deinen Arm über den Zaun und näherst dich ihm behutsam mit deiner Hand. Es hat keine Angst. Du hältst ihm deinen Zeigefinger hin, sodass es daran schnuppern kann. Nun kommt auch das zweite Kaninchen zu dir. Bestimmt denken sie, dass du ihnen etwas Leckeres zum Fressen geben willst. Du lächelst. Nein, dein Finger ist keine Möhre, und Futter hast du auch nicht dabei. Ohnehin musst du erst fragen, mit was du die Kaninchen füttern darfst.

Gerade als du überlegst, an wen du dich wenden könntest, hörst du eine freundliche Stimme hinter dir: „Du darfst gerne zu den Kaninchen hinein. Schau, dort kannst du über den Zaun klettern. Nur jagen und hochnehmen darfst du sie natürlich nicht. Frisches Futter ist in dem Eimer dort." Freudig läufst du zu der Stelle, die der Hofbesitzer dir gezeigt hat, und kletterst mithilfe einer kleinen Holzleiter über den Zaun. Im Eimer sind Möhren und frisch gepflückter Löwenzahn. Du nimmst ein paar Löwenzahnblätter und gehst zu den beiden Kaninchen.

Bevor du dich zu ihnen hinabbeugen kannst, hat sich das mutigste – oder vielleicht auch das hungrigste – schon ein Blatt aus deiner Hand geschnappt. Du hebst deinen Arm und hältst den übrig gebliebenen Löwenzahn ein bisschen höher. Sofort stellen sich beide Tiere auf ihre Hinterläufe und machen Männchen. Weit nach oben recken sie sich, um an das Futter zu kommen. Ein richtiges Zirkuskunststück machen sie. Geschickt schnappen sie sich schließlich ein paar Blätter und lassen sich zurück auf den Boden plumpsen. Eifrig beginnen sie zu fressen. Ganz leise ist zu hören, wie die Blätter zwischen den Zähnchen knirschen. Ruckzuck ist alles aufgefressen, und die Kaninchen kommen wieder auf dich zu. Erneut macht das Kaninchen mit den lustigen Ohren Männchen, stützt sich diesmal aber mit seinen Vorderpfoten an deinem Bein ab. Es kitzelt und kribbelt ein wenig an der Stelle. Vorsichtig machst du einen Schritt zurück, damit das Kaninchen sich wieder von deinem Bein lösen und hinsetzen kann. Dann holst du neuen Löwenzahn.

Du gehst in die Hocke und legst das Futter vor dich auf den Boden. Sofort beginnen die Kaninchen zu fressen. Behutsam streichelst du über ihr Fell. Immer abwechselnd, erst bei dem einen, dann bei dem anderen. Das Fell ist noch weicher und flauschiger, als du gedacht hast. Kein Stofftier der Welt kann kuschliger sein als diese beiden Kaninchen. Sanft gleitet deine Hand nun an den langen Ohren entlang. Dort ist das Fell weniger dicht, aber immer noch weich. Unglaublich zart fühlt es sich an. Mit jedem weiteren Streicheln wirst du ruhiger und ruhiger. Ungestört fressen die Kaninchen weiter, bis das letzte Blatt verputzt ist. Suchend schnuppern sie noch kurz an deiner Hand, dann wenden sie sich ab und hoppeln gemeinsam davon.

Du stehst auf und schaust ihnen nach. Du fragst dich, wo die anderen Kaninchen mittlerweile stecken. Vier hast du schnell entdeckt. Sie liegen faul auf der Wiese und ruhen sich aus. Zwei andere knabbern bei den kleinen Felsen an einem Stück Gemüse. Zusammen mit den beiden, die du eben gefüttert hast, macht das acht. Eines fehlt also noch. Vermutlich hat es sich versteckt oder schläft irgendwo.

Da die Sonne nun endgültig verschwunden ist, beschließt du, deine Erkundungstour am nächsten Tag fortzusetzen und nach drinnen zu gehen. Du drehst dich um und gehst zur Leiter, die über den Zaun führt. Gerade willst du die erste Sprosse betreten, da nimmst du eine Bewegung hinter dir wahr. Das neunte Kaninchen, ein kleines schwarzes, ist dir unbemerkt gefolgt und sitzt nun ganz nah bei dir. Es stellt sich auf die Hinterbeine und schaut dich erwartungsvoll an. „Morgen bist du dran mit Füttern und Streicheln. Versprochen. Aber jetzt muss ich gehen."

Froh kletterst du aus dem Kaninchengehege und läufst zum Haus mit eurer Ferienwohnung. Stufe für Stufe steigst du die Holztreppe hinauf, betrittst den Balkon, streifst deine Schuhe ab und öffnest die Glastür. Du bist dir sicher, dass du hier wunderbare Ferien verbringen wirst. Schon heute, an deinem ersten Tag, hast du deinen Eltern soooo viel zu erzählen.

Der zweite Tag: Das rätselhafte Geräusch

Heute ist der zweite Tag deines Herbsturlaubs auf dem Ferienhof. Du hast so gut geschlafen wie schon lange nicht mehr und sogar von dem schwarzen Kaninchen geträumt. Später musst du unbedingt dein Versprechen einhalten und es füttern. Aber jetzt willst du dich erst einmal weiter umschauen. Es soll viele Tiere auf dem Ferienhof geben. Nur noch Jacke und Schuhe anziehen, dann kann es losgehen.

Schnell hast du dich warm eingemummelt. Du verabschiedest dich von deinen Eltern, öffnest die Glastür zum Balkon und gehst ins Freie. In den frühen Morgenstunden hat es geregnet, und die Holztreppe ist noch nass. Mit der Spitze deines Schuhs streichst du über die Bretter. Nein, glatt ist es nicht. Stufe für Stufe gehst du nach unten. Kurz bleibst du stehen und horchst. Irgendwo gackern ein paar Hühner, eine Elster keckert in den Bäumen, weiter unten blökt ein Schaf. Ansonsten herrscht Ruhe. Kein Autolärm und keine lauten Maschinengeräusche stören die Stille.

Gerade willst du weitergehen, da hörst du doch etwas – etwas, das vom Wald zu kommen scheint: ein tiefes, langgezogenes Öööööööhhhh. Das Geräusch ist dir unbekannt, es wirkt aber überhaupt nicht bedrohlich. Es ist kein Knurren. Es ist auch kein Schmerzenslaut. Eher klingt es wie schiefe, brummige Töne aus einem Blasinstrument. Fast wie das Blöken eines Kälbchens hört es sich an, nur viel, viel lauter. Nach wenigen Sekunden ist es vorbei. Du lauschst noch einen Moment, aber bis auf die bekannten Geräusche bleibt es still. Verwundert gehst du die Wiese hinunter in Richtung Wald. In den Wald darfst du alleine nicht, aber vielleicht kannst du davor etwas entdecken. Das Gras, das an deinen Beinen entlangstreift, ist noch nass, und du musst aufpassen, dass du auf der schrägen Wiese nicht ausrutschst. Du suchst mit den Augen den Waldrand ab. Dort ist alles ruhig. Dampfend steigt die

Feuchtigkeit aus den Bäumen in den Himmel. Rechts ist die Schafweide. Die Herde ist heute ganz nah am Zaun. Die Schafe grasen friedlich vor sich hin. Ihre Köpfe sind dabei ins tiefe Gras versenkt. Jetzt bist du dir ganz sicher, dass das unbekannte Geräusch nicht von etwas Gefährlichem stammt. Denn dann würde die Schafherde niemals so geruhsam fressen. Aufmerksam begutachtest du alle Einzelheiten um dich herum. Woher könnte das Brummen nur gekommen sein? Von den bunt gefärbten Kronen der Bäume? Von den dichten Sträuchern oder vom Spielhaus? Oder vielleicht aus dem Wald? Du bist völlig ratlos.

Doch mit einem Mal entdeckst du etwas. Links unten steht, von Sträuchern verdeckt, ein hoher Zaun. Er umgrenzt einen Teil der Wiese vor dem Wald und führt auch in den Wald hinein. Ist hier ein Wildgehege? So wie du es aus Tierparks kennst? Rasch läufst du die Wiese hinab. Das Gras wird immer höher, deine Beine werden nass, aber das macht dir nichts aus. Am Zaun angelangt, bleibst du stehen und versuchst herauszufinden, was sich dahinter verbergen könnte. Wie auf der Wiese weiter oben stehen auch hier einige Bäume und Büsche. Allerdings sind die Baumstämme und auch einige Sträucher durch Drahtgitter geschützt. Du hast einmal gehört, dass man das macht, um Pflanzen vor Bissschäden durch Wildtiere zu schützen. Es könnten also tatsächlich Rehe oder Hirsche in dem Gehege sein. Am Waldrand liegen einige große Äste ohne Rinde. Wer die wohl angeknabbert hat? Reglos stehst du da und beobachtest die Landschaft hinter dem Zaun. Bis auf einige herabfallende Blätter und vom Wind bewegte Zweige liegt alles still da.

Es dauert einige Minuten, bis deine Geduld endlich belohnt wird. Etwas Braunes erhebt sich aus der Wiese – erst ein Kopf, dann ein Hals und schließlich ein komplettes Tier. Du überlegst. Für ein Reh ist es zu groß. Ein Geweih hat es nicht. Vermutlich ist es eine Hirschkuh. Sie schaut aus der Ferne zu dir herüber, scheint abzuwägen, ob eine Gefahr von dir ausgeht. Und plötzlich, wie durch Zauberei, taucht ein Tier nach dem anderen aus der Wiese auf. Gut getarnt durch Büsche und hohes Gras hast du zuvor keines davon sehen können. Ein wenig abseits erhebt sich nun auch das größte Tier, der Hirschbulle – ohne Zweifel zu erkennen an seinem ausladenden Geweih. War er es, der eben so tief gebrummt hat? Jemand hat dir einmal erklärt, dass das Schreien der Hirschbullen im Herbst „Röhren" genannt wird. Gerade als du überlegst, wie du die Hirsche anlocken könntest, entdeckst du ein Holzschild an einem Pfosten. Darauf steht: „Bitte nur mit Äpfeln von der Obstwiese füttern!" Du blickst dich suchend um. Unter dem Apfelbaum in deiner Nähe liegen tatsächlich noch einige Äpfel. Schnell läufst du hin und sammelst ein paar schöne auf. Auch sie sind feucht vom Regen und der nassen Wiese. Trotz ihrer Schale verströmen sie einen fruchtigen Duft. Am liebsten würdest du sofort in einen hineinbeißen.

Du gehst wieder zum Gehege, legst alle Äpfel vor dir auf den Boden, nimmst den schönsten und hältst ihn an den Zaun. Die Hirsche schauen interessiert, aber nichts passiert. Vermutlich sind sie scheuer als die Tiere im Wildpark. Da kommt dir eine Idee. Du umgreifst den Apfel fest mit der Hand, holst mit dem Arm weit aus und schleuderst ihn, so weit du kannst, in Richtung der Hirsche. Nun kommt Bewegung in die Herde. Die erste Hirschkuh nähert sich der Stelle, an der der Apfel gelandet ist. Sie beugt den Kopf, sucht und schnuppert. Zack, schon hat sie ihn gefunden und mit nur wenigen Bissen verspeist. Nun treten auch die anderen Hirsche näher. Den nächsten Apfel wirfst du etwas weniger weit. Die mutige Hirschkuh schnappt sich auch diesen. Schwungvoll schleuderst du die restlichen Äpfel hinterher. Immer mehr Tiere trauen sich nun heran und holen sich mit ihren weichen Mäulern die Äpfel von der Wiese. Du rennst wieder zum Apfelbaum, um Nachschub zu besorgen. Einen Apfel nach dem anderen wirfst du über den Zaun, um die Hirsche immer näher an dich heranzulocken. Schließlich ist auch die zweite Ladung aufgebraucht. Die Hirsche stehen mittlerweile so dicht am Zaun, dass du in ihre braunen, freundlichen Augen sehen kannst. Auch der Hirschbulle ist nicht mehr weit entfernt. Du beginnst, die Enden der Geweihstangen, also die kleinen Verzweigungen am Geweih, zu zählen. Eins, zwei, drei, vier, fünf auf der einen Seite und eins, zwei, drei, vier, fünf auf der anderen Seite. Das macht zehn Enden insgesamt. Der Hirsch ist also ein Zehnender. Ob es wohl stimmt, dass den Hirschbullen jedes Jahr ein neues Geweih mit einem zusätzlichen Ende wächst? Das musst du heute unbedingt noch deine Eltern fragen.

Die mutige Hirschkuh hat ihre Scheu nun fast gänzlich verloren. Langsam, aber ohne zu zögern, kommt sie Schritt für Schritt auf dich zu – den Kopf erhoben, den Blick immer auf dich gerichtet. Wenn du deine Hand ausstrecken würdest, könntest du sie durch den Zaun hindurch berühren. Aber du willst sie nicht verscheuchen und so bleibst du bewegungslos stehen. Die Hirschkuh steht direkt vor dir. Die dunkelbraunen, glänzenden Augen sind dir immer noch offen zugewandt. Du siehst die hellen Härchen um das Maul herum, die feuchten, weichen Lippen, die aufmerksam hoch gestellten Ohren, die sich ständig ein wenig verdrehen und ununterbrochen zu lauschen scheinen. So steht ihr eine Weile da. Auf der einen Seite des Zauns du, der Mensch. Auf der anderen Seite dieses sanft dreinblickende Tier. Was es wohl denkt? Oder betrachtet es dich einfach nur und wundert sich, wie du aussiehst? Weiß es, dass du nicht gefährlich bist? Kann es dich riechen – so wie du den herben, leicht säuerlichen Geruch seines Fells wahrnimmst? Du hast viele Fragen, aber eines weißt du. Die Hirschkuh muss dir vertrauen, sonst wäre sie nicht so nah an dich herangekommen. Sie strahlt eine tiefe Ruhe und Gelassenheit aus, die wie eine sanfte Welle auch auf dich übergehen.

Die anderen Hirsche ziehen sich jetzt langsam wieder zurück. Einer nach dem anderen wendet sich ab und läuft geradewegs zum

Waldrand. Als die Herde schon fast verschwunden ist, dreht auch die Hirschkuh sich um und sucht ohne Eile wieder Anschluss an ihre Gefährtinnen. Erst als sie schon fast am Ende der Wiese ist, werden ihre Schritte schneller, bis sie schließlich mit weiten Sprüngen im Wald verschwindet. Einen Augenblick wartest du noch. Dann beschließt auch du, wieder zurückzugehen. Als du deine ersten Schritte über die Wiese machst, hörst du es noch einmal: das tiefe, brummige Röhren des Hirschbullen. Einmal, zweimal, dann ist es vorbei.

Ganz ruhig läufst du nun den Hang hinauf, am ersten Apfelbaum vorbei, dann am zweiten. Das Gras der Wiese wird wieder kürzer und du siehst, dass noch viele Äpfel auf dem Boden liegen. Vielleicht kannst du dir morgen einen Eimer beschaffen, um ein paar davon für die Hirsche zu sammeln.

Noch wenige Meter, dann bist du bei eurem Haus angelangt. Du gehst zur Holztreppe, die zur Ferienwohnung führt, erklimmst die ersten Stufen und blickst noch einmal zum Hof. Von hier aus kannst du einen Teil des Kaninchengeheges sehen. Es ist schon einiges los dort. Aber jetzt willst du erst einmal nach drinnen gehen, trockene Kleider anziehen und deinen Eltern von den Hirschen erzählen. Vielleicht kannst du sie ihnen heute noch zeigen. Zumindest kannst du sie raten lassen, was das gelegentliche Brummen bedeuten könnte. Du weißt jetzt ja Bescheid.

Der dritte Tag: Der Morgen im Laub

Heute ist schon der dritte Tag deiner Herbstferien. Du bist gestern Abend früh zu Bett gegangen, hast tief und fest geschlafen und bist voller Unternehmungslust aufgewacht. Der Morgen dämmert bereits, aber in der Nacht war es sehr kalt. Du musst noch ein wenig warten, bis du nach draußen gehen kannst. Wie gut, dass es bei dir in der Wohnung richtig gemütlich ist.

Du sitzt an der großen Glaswand in eurer Wohnküche und schaust nach draußen. Durch die Ritzen des Balkongeländers kannst du gut die Wiese und den Waldrand beobachten. In der Senke vor dem Wald liegt noch dichter Nebel, und die hohen Bäume sind durch die feuchte, diesige Luft nur undeutlich zu erkennen. Die Herbstkälte ist in der Nacht in die Zweige der Obstbäume gekrochen und hat die Stiele der Blätter gelockert. Ein Blatt nach dem anderen segelt nun zu Boden. Wo gestern nur einzelne Blätter lagen, ist in kurzer Zeit eine dichte, bunte Laubdecke entstanden.

Alles scheint noch zu schlafen. Selbst die Vögel schweigen wohl fröstelnd in ihren Nestern. Doch halt! Hat sich unter dem Nussbaum nicht etwas bewegt? Oder war es lediglich ein großes Blatt, das vom Wind weggepustet worden ist? Gespannt schaust du auf die Stelle, wartest. Du hast dich nicht getäuscht. Etwas Rundes, Dunkles bewegt sich durch das Laub. Was kann das sein? Für eine Maus ist es zu groß. Ein ausgebüxtes Kaninchen kann es auch nicht sein. Das hättest du an seinen langen Ohren erkannt. Wieder bewegt sich das Laub. Ein paar Blätter werden auf die Seite geweht, da erkennst du endlich, was es ist: Ein Igel rennt auf seinen kurzen Beinen unter den Bäumen davon und verschwindet schließlich hinter den Brettern des Komposthaufens. Müssten die Igel nicht schon eine Wohnung für den Winter haben? Beim Komposthaufen wird der Igel zwar nur schwer entdeckt, aber im Winter ist es dort sicherlich nicht warm und geschützt genug. Du musst dich unbedingt mit jemandem beratschlagen, wie du dem Igel helfen könntest. Voller Tatendrang läufst du zu deinen Eltern. Ihr besprecht kurz, was zu tun ist, dann gehst du zur Garderobe – im Kopf eine Idee, wie du dich nützlich machen kannst.

Du ziehst eine warme Jacke und dicke Socken an, nimmst auch noch Schal, Mütze und Handschuhe, schlüpfst in deine Stiefel und bist schließlich bereit. Du gehst durch die Glastür nach draußen. Sofort spürst du die Kälte in deinem Gesicht. Wie gut, dass du so warm eingemummelt bist. Vorsichtig prüfst du mit dem Schuh, ob der Boden gefroren und glatt ist. Heute scheint es ein bisschen rutschig zu sein. Sicherheitshalber hältst du dich am Treppengeländer fest. Stufe für Stufe steigst du hinunter. Dein Blick schweift über die Umgebung. Am Rand der Wiese liegen einige große Zweige. Die kannst du auf jeden Fall gebrauchen. Am Komposthaufen lehnen verschiedene Gartengeräte: eine Schaufel, ein Spaten und ein Laubrechen. Auch den Rechen benötigst du für deinen Plan.

Zuerst läufst du über die Wiese und holst die Zweige. Die Rinde ist von der Feuchtigkeit aufgeweicht und fühlt sich glitschig an, aber das Holz darunter ist noch stabil. Jetzt heißt es, den besten Ort für eine Igelwohnung zu finden. Du läufst am Kompost vorbei und begutachtest den dahinter liegenden Lattenzaun. Wohin nur hat sich der Igel eben verkrochen? Du glaubst schließlich, die Stelle entdeckt zu haben, und näherst dich leise. Der Igel ist nicht mehr zu sehen. Vielleicht ist er unter dem Zaun hindurchgekrochen? Du entscheidest dich, genau da ein Versteck zu bauen, wo der Igel vorhin verschwunden ist. Als erstes nimmst du die Zweige, steckst sie tief in die Erde und baust eine Art Gerüst. Die kleinen Ästchen schiebst du oben so ineinander, dass sie stabil zusammenhalten. Dann sammelst du einige trockene Blätter und legst sie auf den Boden des Verstecks. Der weiche Blätterteppich soll den Igel vor der Kälte der nassen Erde schützen. Schön sieht das bunte Muster aus den roten, gelben und braunen Blättern auch noch aus.

Als nächstes kommt die eigentliche Arbeit. Du musst jetzt sehr viel Laub herbeischaffen, um das Winterquartier richtig abzudichten und den Bewohner vor Wind, Regen und Schnee zu schützen. Du läufst zum Komposthaufen und nimmst dir den Laubrechen. Er ist glücklicherweise nicht allzu schwer, und die Holzstange hat fast die richtige Länge für dich. Du gehst zu den Bäumen. Unter dem Nussbaum liegt am meisten Laub. Die Blätter dort sind auch größer als die der Apfelbäume. Hier wirst du mit deiner Arbeit beginnen. Mit Schwung rechst du die um dich liegenden Blätter auf einen Haufen zusammen. Du spürst die Kraft in deinen Armen. Schnell wird der Laubhaufen größer. Immer mehr und mehr Blätter häufst du neben dir auf. Bald hast du mehr beisammen, als du für dein Igelhaus brauchst. Du lehnst den Rechen an einen Baumstamm. Mit beiden Armen greifst du in den Laubhaufen und nimmst eine möglichst große Ladung. Ein angenehmer, würziger Duft steigt dir in die Nase. Dann gehst du zu dem Gerüst aus Zweigen und lässt die Blätter darüberrieseln. Sie bleiben darauf liegen, aber für ein gutes Versteck brauchst du noch viel mehr.

So läufst du immer wieder hin und her, holst Laub und bedeckst damit den Igelbau. Du bist so fleißig, dass innerhalb von wenigen Minuten ein großer Laubhügel entstanden ist, der gut getarnt am Komposthaufen endet. Du denkst nach. Eine Sache fehlt noch. Der Igel muss irgendwie in das Innere seines Hauses gelangen. Du gehst in die Knie und schiebst behutsam einige Blätter auf die Seite, sodass ein winziger Eingang entsteht – von außen fast nicht sichtbar, aber groß genug, dass ein Igel ihn entdecken und hindurchschlüpfen kann. Zum Abschluss holst du noch zwei Zweige und legst sie auf das Dach. So kann der Herbstwind die oberen Blätter nicht davonwehen. Stolz betrachtest du dein Bauwerk. Hier kann ein Igel sicher gut überwintern.

Lange warst du so vertieft in deine Arbeit, dass du deine Umgebung ganz vergessen hast. Jetzt schaust du dich um und stellst erstaunt fest, wie sehr sich die Welt um dich herum seit dem frühen Morgen verändert hat. Die Sonne ist gerade dabei, die dicke Nebelschicht zu durchbrechen und lässt die Blätter des Waldes leuchten. Es scheint, als sei die Welt nun endlich erwacht. Eine Amsel huscht durch das Laub, aus den Häusern dringen Geräusche bis zu dir herunter. Vom Hof sind einige Kinderstimmen zu hören. Immer wieder fallen Blätter von den Bäumen herab. Die Stellen, die du eben sauber gerecht hast, sind fast schon wieder bedeckt.

Da kommt dir eine neue Idee. Wieso sollte nur der Igel einen Laubhaufen haben? Du nimmst dir wieder den Rechen und harkst so viele neue Blätter auf einen Haufen, dass er dir bis an die Hüfte reicht. Zwei Kinder kommen angelaufen und fragen, ob sie mitmachen dürfen. Du brauchst gar nicht zu überlegen und stimmst sofort zu. Zuerst rechst du weiter das Laub. Die Kinder schichten es auf. Dann gibst du den Rechen an ein Kind ab und türmst selbst Blätter auf den Haufen. Mit jeder Ladung wird er größer und größer, bis er schließlich so groß ist wie ihr selbst.

Der Himmel strahlt nun blau über euch. Du stellst dich ein wenig in die Sonne und lässt dich erst einmal aufwärmen. Du schließt deine Augen und wendest das Gesicht der Sonne zu. Wie gut es tut, die warmen Sonnenstrahlen auf der Haut zu spüren. Wie angenehm es nach feuchter Erde und fruchtigen Äpfeln riecht. Ein Kichern der Kinder lässt dich die Augen wieder öffnen. Grinsend schaut ihr euch an. Ihr müsst gar nichts sagen, ein kurzes zustimmendes Nicken genügt. Alle drei scheint ihr den gleichen Einfall zu haben. Also kann es losgehen: Du nimmst ein paar Schritte Anlauf, wirst schneller und schneller, machst einen großer Sprung und hüpfst mitten hinein in den Berg aus Laub. Weich gepolstert landest du auf den Blättern. Noch zweimal macht es plumps, und der Laubhaufen wackelt. Jetzt sind auch die beiden anderen Kinder neben dir gelandet. Die Blätter wirbeln auf und werden vom

Wind in alle Richtungen getragen. Und weiter geht es. Ihr greift mit beiden Armen in das dichte Laub und werft es rundherum – hoch in den Himmel und auf die umgebende Wiese. Die Blätter tanzen in der Luft wie bei einem Sturm. Ihr macht weiter und weiter, kriecht in das Laub hinein und schüttelt es wieder von euren Köpfen. Ihr werft neues Laub nach oben, lasst es auf euch rieseln oder versucht es wieder aufzufangen. Noch eine ganze Weile geht das so, bis du schließlich genug hast, dich hinsetzt und langsam zur Ruhe kommst.

Dein Körper fühlt sich nach dem Toben unglaublich stark und kraftvoll an. Es zieht und kribbelt ein wenig in deinen Armen und Beinen. Doch nach und nach löst sich alle Anspannung, und du wirst ganz ruhig. Auch die anderen Kinder hören jetzt auf herumzutollen. Mit strahlenden Augen seht ihr euch an. Lustig schaut ihr aus mit den Blättern auf Kopf und Schultern. Ihr schleudert eure Mützen aus und zupft die Reste des Laubs heraus. „Was hast du da eben gebaut?“, fragt dich ein Kind. Du zeigst auf das Igelversteck und erklärst, warum du es gemacht hast. Bewunderung ist auf den Gesichtern der Kinder zu erkennen. Du kriechst aus dem Haufen und stehst auf. Müde bist du nicht, aber du spürst, dass es nun Zeit ist, eine kleine Pause einzulegen und nach drinnen zu gehen.

Du klopfst Schmutz und Erde von deinen Kleidern und verabschiedest dich von den Kindern. Noch ein kurzer, prüfender Blick auf deinen Igelbau, dann wendest du dich dem Haus mit eurer Ferienwohnung zu. Du läufst zur Treppe, steigst Stufe um Stufe nach oben und schlüpfst aus deinen Stiefeln. Selbst an deinen Socken hängen winzige Blattstücke. Du zupfst sie ab, ziehst deine Handschuhe aus, reibst kurz deine klammen Finger aneinander, öffnest die Glastür und betrittst die Wohnung. Von drinnen kann man alles sehen, was du heute schon geschafft hast. Gleich willst du es deinen Eltern zeigen. Aber erst bleibst du noch einmal stehen.

Hoffentlich, hoffentlich zieht der Igel dort ein. Einen besseren Ort zum Überwintern gibt es eigentlich gar nicht.

Der vierte Tag: Das Apfelbäumchen

Heute ist schon der vierte Tag deines Herbsturlaubs auf dem Ferienhof. Es ist bereits Nachmittag, und du bist gerade dabei dich anzuziehen, um nach draußen zu gehen. Als du am Morgen bei den Kaninchen warst, hat der Hofbesitzer dich gefragt, ob du ihm zusammen mit ein paar anderen Kindern bei einer Arbeit helfen willst. Zunächst hat er ein kleines Geheimnis daraus gemacht, aber dann hat er dir verraten, dass heute neue Apfelbäume gepflanzt werden. Wer möchte, kann dabei mitmachen und sogar die Patenschaft eines Baumes übernehmen. Das heißt, man darf sich einen Baum aussuchen und, wann immer es geht, für ihn sorgen. Wenn er groß genug ist, darf man davon so viele Äpfel ernten, wie man essen kann. Deinen Eltern hat die Idee sofort gefallen, und sie haben dir erlaubt, an der Pflanzaktion teilzunehmen.

Prüfend blickst du jetzt an dir herunter. Gummistiefel, eine alte Hose und eine Jacke hast du schon an. Jetzt fehlen nur noch Schal, Mütze und die dicken Handschuhe, die fast wie Arbeitshandschuhe aussehen. Gut ausgerüstet verabschiedest du dich von deinen Eltern, öffnest die Glastür und gehst hinaus. Sofort spürst du die kühle Luft auf deinem Gesicht. Der Rest deines Körpers ist warm umhüllt. Du atmest tief ein, spitzt deinen Mund und pustest die Luft ganz langsam wieder aus. Die Atemluft steigt vor deinem Gesicht wie kleine Dampfwolken auf. Die winzigen Wassertröpfchen verteilen sich jedoch schnell und lösen sich schließlich in Luft auf. Beim nächsten Atemzug versuchst du, etwas tiefer einzuatmen. Und wieder hauchst du die Luft vorsichtig aus, sodass sich ein weißlicher Schleier vor deinem Gesicht bildet. Auch dieser ist nach wenigen Sekunden verschwunden. Noch einmal atmest du ganz bewusst ein und aus, dann hält dich nichts mehr auf dem Balkon.

Stufe um Stufe gehst du die Holztreppe hinunter. In der Mitte bleibst du stehen und siehst dich um. Auf der Wiese steht ein Traktor mit Anhänger. Darauf sind heute Morgen mehrere kleine Obstbäume hertransportiert worden. Voller Tatendrang springst du über die letzten Stufen und läufst los. Du bist früh dran, denn du willst dir als erstes ein Bäumchen aussuchen.

Der Hofbesitzer und ein Helfer sind schon da. Mit einem freundlichen Hallo wirst du begrüßt. Sie begutachten die Bäume, die in großen Behältern mit feuchter Erde stehen. Auf den ersten Blick sehen sich die Bäume sehr ähnlich, aber bei genauer Betrachtung erkennst du einige Unterschiede. Die Brauntöne der Rinde sind verschieden – mal heller, mal dunkler – und auch die Äste sind unterschiedlich geformt. An den Stämmen der Bäume sind Schilder angebracht, auf denen die Obstsorte zu lesen ist. „Rubinette", „Elstar" oder „Boskoop" steht da geschrieben. Gerade überlegst du, für welche Apfelsorte du dich entscheiden sollst, da fällt dein Blick auf ein eher kleines Bäumchen am Ende der Reihe. „Finkenwerder Herbstprinz" steht auf dem Schild. Was für ein schöner Name für einen Apfelbaum. Genau den möchtest du einpflanzen. Der Hofbesitzer kommt zu dir: „Na, so wie du aussiehst, hast du dich bereits entschieden. Eine gute Wahl hast du getroffen. Das ist eine ganz besondere, sehr leckere Sorte, die es schon lange gibt." Der Hofbesitzer holt einen Stift aus der Tasche und schreibt deinen Namen auf das Schild – gleich neben das Wort „Herbstprinz".

Endlich kann es losgehen. Du bekommst einen Spaten, dann geht ihr zu dem Platz, wo der Baum stehen soll. Die Pflanzstelle ist schon durch einen Stein markiert, aber das Loch für den Baum muss noch ausgehoben werden. Du steckst die scharfe Kante des Spatens in den feuchten Boden und schiebst sie kräftig mit deinem Fuß hinein. Dann drückst du den Stiel des Spatens nach unten. Es knirscht. Du brauchst viel Kraft, um den ersten dicken Erdballen auszuheben. Doch du schaffst es. Vorsichtig hebst du den Spaten mit dem Erdklumpen auf die Seite und rüttelst kurz, damit die Erde sich löst und auf den Boden gleitet. Ein großer, brauner Brocken bleibt neben dem Loch liegen, ohne zu zerfallen. Beim zweiten Spatenstich musst du dich sogar noch mehr anstrengen, denn eine dicke Wurzel kommt dir in die Quere. Aber du bist stark genug. Du schiebst den Spaten tief in den Boden. Es knackt kurz, dann ist die Wurzel durchtrennt. Zum zweiten Mal schaufelst du Erde heraus. So geht es weiter und weiter. Mit jedem Spatenstich wird das Loch tiefer und der Haufen ausgehobener Erde größer. Durch die Arbeit wird dein Körper warm, und auch auf deinem Gesicht ist keine Kälte mehr zu spüren.

Als der Hofbesitzer zu dir kommt, zeigst du ihm stolz das Ergebnis deiner Arbeit. Mit ein wenig Hilfe ist die Grube schließlich fertig. Verwundert schaust du zu, wie der Hofbesitzer nun mit einer Schaufel etwas dunkle Erde aus einem Eimer in das Loch schüttet. Als er deinen fragenden Blick sieht, muss er schmunzeln: „Du rätselst bestimmt, warum ich jetzt wieder etwas hineinschütte, obwohl du doch eben so tüchtig gegraben hast." Dann geht er in die Knie und nimmt ein wenig dunkle Erde in seine Hand. „Schau dir diese Erde an. In ihr ist ganz viel von dem, was der Baum zum Wachsen braucht. Es ist Kompost, eine Art Kraftnahrung, damit es dem Baum hier von Anfang an gut geht." Du gehst nun auch in die Hocke, ziehst deine Handschuhe aus und nimmst ein wenig Erde in deine Hände. Langsam zerreibst du die dicken Brocken mit deinen Fingern. Wie kleine Kuchenstreusel rieselt die Erde aus deiner Hand. „Aus dieser Erde kann dein Bäumchen sich mit den Wurzeln seine Nahrung holen", erklärt der Mann weiter. „Zusammen mit Licht, Luft und Wasser kann sich hier nun das Leben deines kleinen Baumes entfalten. Die Äpfel, die einmal daran wachsen werden, können Menschen und Tiere essen. Und auch du bekommst damit Kraft zum Wachsen und Bewegen. Deshalb müssen die Menschen die Erde schützen und dürfen sie nicht verschmutzen. Sie ist wichtig für alles Leben. Und wenn du genau hinschaust, wirst du viele kleine Tiere finden, die darin wohnen und aus den Blättern und Pflanzenteilen, die auf den Boden fallen, wieder neue Erde machen." Noch einmal nimmst du ein wenig Erde. Schwer und duftend liegt sie in deiner Hand. Es kommt dir vor, als könntest du die Kraft darin spüren.

Du stehst wieder auf, lässt die Erde auf den Boden rieseln und schaust in die Grube, die du eben ausgehoben hast. Unten liegt der dunkle Kompost, aber es ist immer noch genug Platz für die Baumwurzeln. Du ziehst deine Handschuhe wieder an, und der Hofbesitzer zeigt dir, wie du den restlichen Kompost unter die ausgehobene Erde mischst. Dann ist es so weit. Der Helfer stellt dein Bäumchen neben das Loch und nimmt es vorsichtig aus dem Behälter. Die Wurzeln sind fast vollständig von einem Erdballen umgeben, den der Helfer vorsichtig mit seiner Hand festhält. Du umfasst den Stamm mit beiden Händen, und gemeinsam setzt ihr den Baum an seinen Platz. Nun hält der Helfer den Baum alleine fest, und du darfst ihn, Schaufel für Schaufel, mit dem Gemisch aus Erde und Kompost in den Boden einbetten. Als das geschafft ist, trittst du mit deinen Stiefeln die Erde ein wenig fest. Schön sieht es aus, dein Bäumchen. Wie lange es wohl dauern wird, bis die ersten Äpfel daran reifen werden? Es hat nun Erde, Luft und Licht, denn die Sonne scheint auch im Herbst hell genug.

Aber eine Sache fehlt noch: Wasser. Suchend schaust du dich um. Wie praktisch, eine große Gießkanne steht schon bereit. Du nimmst sie, läufst zur Wasserstelle, packst den Gartenschlauch und befüllst sie. Schnell wird sie immer schwerer in deiner Hand. Als du sie kaum mehr tragen kannst, schließt du den Wasserhahn und läufst damit zurück zu deinem Bäumchen. Aber bevor du es gießen darfst, ist noch etwas anderes zu tun. Das Bäumchen muss erst festgebunden werden. Der Helfer bringt einen Pflock und zeigt dir, wo du ihn in den Boden stecken sollst. Dann hält er ihn fest, und du darfst ihn mit einem stumpfen Hammer in die Erde klopfen. Vorsichtig, aber kraftvoll schlägst du mit dem Hammer auf den Pflock. Einmal, zweimal, dreimal, viermal ..., insgesamt achtmal musst du schlagen, bis er fest ist. Dann bekommst du einen Strick und bindest den Baum damit fest.

Als das geschafft ist, darfst du die Erde um den Baum herum begießen. Du lässt dir dabei Zeit, damit der Boden das Wasser vollständig aufnehmen kann. Der würzige Geruch der nassen Erde steigt dir in die Nase. Du denkst an das, was du eben gehört hast. Diese nahrhafte Erde brauchen die Pflanzen zum Wachsen, und auch dein Bäumchen wird von ihr gut versorgt werden. Zufrieden bist du jetzt und stolz. Es kommt dir so vor, als wärst auch du nun mit der Erde unter dir verwurzelt – als würdest du nicht nur über sie gehen, sondern ein Teil von ihr sein. Du wirst von ihr festgehalten und versorgt. Ruhig und sicher stehst du auf ihr. Glücklich ziehst du deine Handschuhe aus und drehst dich um. Deine Eltern stehen auf dem Balkon und winken dir zu. Du zeigst auf dein Bäumchen, und sie strecken ihre Daumen nach oben. „Gut gemacht" soll das heißen.

Du räumst den Spaten und die Gießkanne auf, damit die anderen Gäste sie später benutzen können. Dann verabschiedest du dich und gehst zurück zur Ferienwohnung. Die letzten Sonnenstrahlen spenden noch ein wenig Wärme, doch sobald du im Schatten bist, wird es kühl. An der Balkontreppe klopfst du die Erde von deinen Stiefeln, dann steigst du die Treppe hinauf. Eine angenehme Ruhe macht sich in dir breit. Fleißig bist du heute gewesen, einen Baum hast du gepflanzt. Deine Eltern erwarten dich am Eingang. Ob sie wohl wissen, wie ein Baum gepflanzt wird? Wenn du in der warmen Wohnung bist, musst du ihnen unbedingt alles erzählen.

Der fünfte Tag: Die Nachtwanderung

Heute ist dein letzter Urlaubstag auf dem Ferienhof. Du hast bei strahlendem Sonnenschein noch einmal alles genossen, was dir hier Freude gemacht hat. Am Morgen bist du bei den Kaninchen gewesen. Danach hast du zugesehen, wie die Schafe in einen großen Stall getrieben worden sind, um vor der Kälte des nahen Winters geschützt zu sein. Du hast die Hirsche besucht und mit Äpfeln gefüttert, bist ein wenig auf den Obstbäumen geklettert und hast schließlich noch das Igelhaus beobachtet. Den Igel hast du nicht wiedergesehen, aber vor dem Eingang war das Laub ein wenig plattgedrückt. Vielleicht hat er es sich schon in deinem Igelbau gemütlich gemacht. Auch dein Apfelbäumchen hast du gegossen. Die anderen Bäume sind nun ebenfalls eingepflanzt und mit Holzpflöcken verbunden. Mit Freude hast du entdeckt, dass an jedem Pflock ein kleines Schild befestigt ist, auf dem der Name des Kindes steht, das den Baum eingegraben hat.

Nun ist der Tag fast vorbei. Du stehst drinnen in eurer Ferienwohnung an der großen Glaswand und schaust dir alles noch einmal an. Es ist bereits so dunkel, dass man nur noch wenig erkennen kann. Du freust dich, dass es so spät ist, denn heute Abend steht ein ganz besonderes Ereignis an. Zusammen mit den Hofbesitzern und einigen anderen Feriengästen wollt ihr eine Nachtwanderung durch den Wald machen. Den ganzen Tag über warst du deshalb etwas kribbelig, aber jetzt scheint es endlich so weit zu sein. Deine Eltern machen sich bereit und geben dir ein Zeichen, dass du dich ebenfalls warm anziehen sollst. Da es abends recht kalt wird, hast du schon extra dicke Socken und einen warmen Pullover an.

Du gehst zur Garderobe, um dort Jacke, Mütze, Handschuhe und Schal anzuziehen. Der Schal ist weich und kuschelig und reicht dir bis zu den Ohren. So bist du gut ausgerüstet. Deine Eltern warten bereits an der Glastür. Gemeinsam geht ihr hinaus, die Treppe hinunter bis zum Spielhaus im Garten. Dort wollt ihr euch treffen. Die Hofbesitzer sind bereits da und nehmen euch freundlich in Empfang. Außer euch sind noch fünf weitere Gäste für die Nachtwanderung angemeldet. Auch die zwei Kinder, mit denen du im Laub gespielt hast, kommen mit. Als eure Gruppe vollständig ist, bekommt jeder eine Taschenlampe, die ihr aber nur im Notfall benutzen sollt. Außer der Hofbesitzerin, die eine Laterne mit einer Kerze darin trägt, soll keiner Licht machen. So können sich eure Augen an die Dunkelheit gewöhnen und nach kurzer Zeit mehr erkennen als ihr glaubt.

Nun geht es los. Die Hofbesitzerin übernimmt die Führung und ihr lauft hinterher. Die anderen Kinder kichern ein wenig und lachen dir zu. Alle scheinen etwas aufgeregt zu sein. Ihr geht zuerst die Wiese hinunter und dann auf den Weg in Richtung Wald. Du musst achtgeben, dass du nicht stolperst. Aber mit jedem Schritt, den du gehst, wirst du sicherer. Tatsächlich haben sich deine Augen schnell an die Dunkelheit angepasst, und du kannst immer mehr von der Umgebung erkennen. Die Steine unter deinen Füßen knirschen. Trotz dicker Sohlen fühlst du die Unebenheiten des Weges. Immer wieder bringst du mit deinen Fußspitzen Steinchen ins Rollen. Du kannst sie nicht sehen, aber du kennst das klickende Geräusch, wenn Kiesel auf dem Boden hüpfen. Bei Tag würdest du die Steine wie einen kleinen Ball ständig vor dir her schießen. Aber in der Nacht kannst du nur erahnen, wo sie liegen bleiben.

Mittlerweile hat der Schotterweg aufgehört und ist in einen eher weichgründigen Feldweg übergegangen. Die Schritte eurer Gruppe klingen jetzt gedämpft. Der Boden unter dir gibt mit jedem Schritt ein bisschen nach. Es fühlt sich so an, als ob du über eine Wolke laufen würdest. Am Waldrand angekommen, haltet ihr an. Still lauscht ihr auf die Geräusche um euch herum. Du blickst zurück. Der Ferienhof liegt ruhig da. Ein einziges Fenster ist beleuchtet.

Wenn du genau hinschaust, kannst du den Balkon eurer Ferienwohnung erkennen. Du horchst auf. Im Gebüsch am Waldrand knackt es. Ist da vielleicht ein Tier unterwegs? Ein Fuchs vielleicht, ein Hase oder ein Reh? Gerade überlegst du, ob die Hirsche wohl schon schlafen, da ertönt ein tiefes Brummen, das dir nun schon vertraut ist. Der Hirschbulle röhrt voller Kraft, sodass sich das Geräusch über die Wiese bis in den Wald hinein ausbreitet. Eine kurze Pause, dann ein zweites Röhren, und alles wird wieder still. Mit vorsichtigen Schritten lauft ihr nun auf dem Waldboden weiter, den schmalen Pfad zwischen den Bäumen entlang. Wie aus dem Nichts taucht der Mond über den Baumwipfeln auf. Der Wald um dich herum wird für wenige Sekunden in ein weißliches Licht getaucht. Doch rasch schieben sich Wolken davor, und Dunkelheit umfängt euch wieder. Du atmest tief ein, und durch deine Nase strömt der typische Geruch des Waldes. Es duftet nach Pilzen, Moos, Tannennadeln und morschem Holz.

Die Hofbesitzerin hält an und macht euch ein Zeichen, dass ihr lauschen sollt. Eine Weile steht ihr erwartungsvoll da, ohne dass etwas geschieht. Fast glaubst du schon, dass ihr vergeblich ausharrt, da ist tatsächlich etwas zu hören. Hoch oben in den Bäumen beginnt ein Vogel sein Lied. Was kann das sein? Die Nachtigallen müssten doch bereits in den Süden gezogen sein. Und wie ein Spatz oder eine Meise hört es sich nicht an. „Das könnte ein Rotkehlchen sein“, flüstert die Führerin euch zu, „manchmal singen sie auch im Dunkeln.“ Als das Zwitschern verstummt ist, setzt ihr euren Weg fort. Alles ist finster, doch dir ist nicht bang. Der Wald erscheint dir nicht bedrohlich. Warum auch? Er ist die Heimat so vieler Tiere, die du magst.

Als der Weg sich gabelt, biegt ihr links ab. Die Erwachsenen beginnen nun leise zu tuscheln, scheinen weniger auf ihre Umgebung zu achten. Doch du bist mit all deinen Sinnen aufmerksam geblieben und hörst es daher zuerst. Ein leises „Huhuuuu“ schallt von den Bäumen herab. Du stoppst, fasst deine Mutter am Arm und bringst sie durch ein Handzeichen dazu, ebenfalls stehen zu bleiben. Mit dem Zeigefinger am Mund und einem kaum hörbaren „Pssst“ gibst du ihr zu verstehen, dass sie aufhören soll, zu reden. Auch die anderen Erwachsenen laufen jetzt langsamer und schauen dich fragend an. Du zeigst in die Richtung, aus der du etwas gehört hast. Jetzt sind alle aufmerksam – und es lohnt sich. Erneut ist ein „Huhuuuu“ zu hören und diesmal sogar noch länger als beim ersten Mal. „Wer weiß, welches Tier das ist?“, fragt die Führerin flüsternd. Sofort hebst du deinen Arm, um zu zeigen, dass du die Antwort kennst. „Das ist ein Waldkauz“, raunst du den anderen so leise wie möglich zu. Die Führerin nickt. Noch einmal erklingt sein Rufen, dann raschelt es in den Baumkronen, und ein schwarzer Schatten erhebt sich in die Luft. Es ist Zeit für den Waldkauz, mit seiner nächtlichen Jagd zu beginnen.

Auch ihr setzt euch wieder in Bewegung. Die Bäume um euch herum werden jetzt lichter, und der Waldrand wird sichtbar. Du blickst zum Himmel. Einige Wolkenfetzen verdecken den Mond noch immer, doch mit einem Mal werden sie vom Wind davongetrieben und geben das Mondlicht frei. Groß und beinahe rund steht der Mond über euch. In ein oder zwei Tagen wird wohl Vollmond sein. Mittlerweile habt ihr die Wiese erreicht, die an den Wald grenzt. Du erkennst einen schmalen Trampelpfad, der quer darüberführt – vermutlich zurück zu eurem Ferienhof. Alles liegt ruhig da, scheint zu schlafen. Bis auf einige Waldtiere seid wohl nur ihr noch unterwegs.

Niemand hat ein Zeichen gegeben, aber alle bleiben wie auf ein Kommando stehen und betrachten die zauberhafte Landschaft, die sich vor euch erstreckt. Und nicht nur das Land, auch den Himmel über euch scheint ein Geheimnis zu umgeben. Silbriges Mondlicht überflutet die Wiese. Unzählige Sterne bilden einen goldenen Teppich. Noch nie zuvor hast du so viele Sterne so kraftvoll funkeln sehen. Und hast du noch vor wenigen Minuten gespürt, wie sehr du mit der Natur um dich herum verbunden bist, so spürst du gerade jetzt, wie frei du zugleich bist. Wie unendlich groß die Welt doch ist! Und du bist ein Teil von ihr. Ganz still stehst du da und spürst, wie geborgen du in dieser weiten Welt bist. Du gehörst dazu, bist ein Teil davon. Auch deine Eltern und die anderen scheinen wie von einem Zauber umhüllt. Noch eine Weile steht ihr reglos da, dann ist die Zeit gekommen, weiterzuwandern. Schweigend und dankbar für dein wunderbares Erlebnis gehst du der Gruppe hinterher. Gemächlich, ruhig und in dich versunken läufst du Schritt für Schritt über die Wiese. In der Ferne kannst du jetzt wieder den Ferienhof erkennen. Das Fenster eines Hauses ist noch immer erleuchtet. Auch dort sind also noch Menschen wach.

Ihr lauft durch eine Senke, dann geht es ein wenig bergauf, und schließlich erreicht ihr den Feldweg, auf dem ihr losgelaufen seid. Du verspürst eine leichte Müdigkeit und hast zugleich das Gefühl, noch ewig so weiterlaufen zu können. Als ihr an der Obstwiese vorbeikommt, bleibst du kurz stehen. Dort steht der Baum, den du gepflanzt hast. Du musst morgen wegfahren, aber er bleibt hier stehen. Hier wird er sich in der Erde verwurzeln, größer werden und eines Tages Äpfel tragen. Wann immer es geht, wirst du hierher zurückkommen und dich in dieser Zeit um ihn kümmern. Und irgendwann wirst du auch seine Äpfel ernten. Doch nicht nur dein Apfelbaum verbindet dich mit diesem Ort, der dir in wenigen Tagen so vertraut geworden ist. Auch wenn dein Zuhause woanders ist, hast du hier eine zweite Heimat gefunden. Du läufst wieder schneller, deinen Eltern nach. Auch bei ihnen fühlst du dich aufgehoben.

Gemeinsam verabschiedet ihr euch von den anderen, dann geht ihr zu eurer Ferienwohnung. Ihr steigt die Treppe hinauf zum Balkon. Du ziehst zuerst deine Schuhe aus, dann Jacke, Mütze, Schal und Handschuhe. Gleich wirst du noch ins Bad gehen und schließlich ins warme Bett. Wie wunderbar dieser Tag doch gewesen ist! Wie schön ist euer nächtlicher Spaziergang durch den Wald gewesen! Du weißt, dass du heute herrlich schlafen wirst.

Literatur

Fasthoff, C., Petermann, F. & Hampel, P. (2003). Eine Reise mit Kapitän Nemo. Zur Bedeutung von Entspannungsverfahren als Modul in Stressbewältigungstrainings von Kindern. *Report Psychologie, 28,* 86–95.

Hampel, P. & Petermann, F. (2017). *Cool bleiben – Stress vermeiden. Das Anti-Stress-Training für Kinder* (3., vollst. überarb. Aufl.). Weinheim: Beltz.

Jacobson, E. (1990). *Entspannung als Therapie. Progressive Relaxation in Theorie und Praxis.* München: Pfeiffer.

Ohm, D. (2017). *Entspannung für Kinder. Ausgeglichen und konzentriert mit Yoga, PR, AT & Traumreisen.* Stuttgart: TRIAS.

Petermann, F., Kusch, M. & Ulrich, F. (2020). Imagination. In F. Petermann (Hrsg.), *Entspannungsverfahren. Das Praxishandbuch* (6., überarb. Aufl., S. 122–138). Weinheim: Beltz.

Petermann, F. & Peterson, R. (2019). Kinderverhaltenstherapie: Methoden und Beispiele. In F. Petermann (Hrsg.), *Kinderverhaltenstherapie. Grundlagen, Methoden und Anwendungen* (S. 77–111). Göttingen: Hogrefe. https://doi.org/10.1026/02970-000

Petermann, U. (2021). *Die Kapitän-Nemo-Geschichten. Geschichten gegen Angst und Stress* (21., aktualisierte u. ergänzte Aufl.). Göttingen: Hogrefe. https://doi.org/10.1026/03117-000

Schlarb, A.A. (2020). Imagination und kognitives Rehearsal. In M. Döpfner, M. Hautzinger & M. Linden (Hrsg.), *Verhaltenstherapiemanual. Kinder und Jugendliche* (S. 89–93). Berlin: Springer.

Schultz, J.H. (2003). *Das autogene Training. Konzentrative Selbstentspannung – Versuch einer klinisch-praktischen Darstellung* (20. Aufl.). Stuttgart: Thieme.